JN416339

청년 공동체 바로 세우기 | 야고보서

(인도자용 지침서)

청년 공동체 바로 세우기 | 야고보서 (인도자용 지침서)

초판 1쇄 발행 | 2018. 9. 10
초판 1쇄 인쇄 | 2018. 9. 10
지은이 | 김상권
연구위원 | 곽봉준 목사(수영로교회), 김경웅 목사(수영로교회),
김주혁 목사(해운대제일교회), 김지원 목사(삼일교회),
박효범 목사(신일교회), 박요셉 목사(수영로교회),
송길남 목사(수영로교회), 양영모 목사(수영로교회),
이기환 목사(에딘버리대학 유학중), 이다윗 목사(아나톨레),
조인식 목사(경산중앙교회), 최진혁 목사(수영로교회)
펴낸이 | 정신일
펴낸곳 | 크리스천리더
편 집 | 이지선
교 정 | 김세배
일부 총판 | 생명의 말씀사 (02) 3159-7979
등 록 | 제 2-2727호(1999. 9.30)
주 소 | 부천시 원미구 중동 1289번지 팰리스카운티 아이파크상가 3층
전 화 | (032) 342-1979
팩 스 | (032) 343-3567
도서 출간 상담 | E-mail:chmbit@hanmail.net
Homepage | cjesus.co.kr/juwana.co.kr

ISBN : 978-89-6594-256-6 03230

정가 : 8,000원

저자와의 협약 아래 인지는 생략되었습니다.
이 출판물은 저작권법에 의해 보호받는 창작물이므로, 무단 복제와 무단전재를 할 수 없습니다.

■ 잘못된 책은 구입하신 곳에서 바꿔드립니다.

한국교회 다음 세대를 세우기 위한 마지막 대안, 청년 공동체 바로 세우기 프로젝트

청년 공동체 바로 세우기

청년공동체 바로세우기 인도자용

야고보서의 원어적 의미를 찾는 영적 성숙 프로젝트

김상권 목사

[야고보서]

>>> James Project >>>

야고보는 최고의 선물인 인내가 '변함도 없으시고 회전하는 그림자도 없으신 빛들의 아버지'께로부터 주어진다고 말한다(17절). 그 이유는 우리로 하여금 첫 열매가 되게 하기 위해서이다(18절). '하나님의 뜻이 잉태하여 말씀을 낳고, 말씀이 장성하여 첫 열매'가 되는 새로운 인생 공식을 말씀하신 것이다. 죄된 보편적 인생 공식은 사망으로 끝이 나지만, 죄 용서가 있는 인생 공식은 이 피조 세계의 첫 열매로 끝이 난다. 야고보는 예수 믿는 사람은 '욕심-죄-사망'의 공식이 아니라 '하나님의 뜻-말씀-첫 열매'의 공식 속에서 살아야 한다고 말한다. 이 공식이 바로 시험을 참고 인내할 수 있는 공식인 셈이다.

CLS 크리스천리더

청년 공동체 바로 세우기를 위한 소그룹 사역 전략

청년 공동체 바로 세우기 소그룹 사역 전략은 총 다섯 가지의 전략을 가지고 각 청년 공동체에 맞게 조율 수립하여 각 공동체가 커리큘럼과 양육 체계를 가지고, 실질적인 영적 성숙의 가시화를 목표로 하는 청년 공동체 소그룹 사역 전문 매뉴얼입니다. 구체적인 세부안은 『청년 실종 공동체성으로 공략하라』(크리스천리더)를 참고하세요.

1. 공동체성 진단하기

1) 사역 현장의 양육, 예배, 교제, 전도 기능을 대표하는 사역들이 공동체성에 미치는 영향을 5점 척도로 회원들에게 체크하도록 한다.
2) 상대적으로 부족하다고 생각되는 부분을 함양하기 위한 사역을 점검하고 수정과 보완을 실시한다.
3) 정기적으로 진단하여 공동체성 함양 정도를 파악한다.

공동체성		양육 기능	예배 기능	교제 기능	전도 기능	소계
사역		( )	( )	( )	( )	
관계적 속성	친밀한 상호작용과 영향	01234	01234	01234	01234	
	공동 목적 추구 행위	01234	01234	01234	01234	
	전인격적 관계	01234	01234	01234	01234	
	공동체 참여	01234	01234	01234	01234	
	공동 가치와 규범의 공유	01234	01234	01234	01234	
소계						
정서적 속성	정서적 공감과 일치	01234	01234	01234	01234	
	개인과 공동체의 유익 일치	01234	01234	01234	01234	
	심리적 욕구의 통합과 충족	01234	01234	01234	01234	
	공동체 지향 본연 의지	01234	01234	01234	01234	
	의식적 소속감	01234	01234	01234	01234	
소계						
물리적 속성	지리적 근접성	01234	01234	01234	01234	
	시간과 공간의 유사성	01234	01234	01234	01234	
	공동체 환경의 특성	01234	01234	01234	01234	
	사회적 단일성	01234	01234	01234	01234	
	공통된 문화의 공유	01234	01234	01234	01234	
소계						
총계						

2. 핵심가치 공유하기

1) 공동체성은 교회 부흥과 쇠퇴의 핵심적 요인이다.

2) 공동체성은 소그룹 사역에서 효과적으로 함양될 수 있다.

3) 소그룹은 예배, 양육, 전도, 교제의 기능을 강화할 때 활성화된다.

4) 1년을 4달씩 한 텀(Term)으로 묶어 소그룹 커리큘럼을 세우고 공동체에 적용한다.

<table>
<tr><th>연차</th><th>필수과정
(1~4월)</th><th>암송구절</th><th>선택 과정
(5~8월)</th><th>필수과정
(9~12월)</th><th>암송구절</th></tr>
<tr><td>6년차</td><td>룻기</td><td>1. 내주하시는 성령(갈 4:6)
2.통치하시는성령(갈 5:16)
3.계시하시는성령(요 14:26)
4.능력 주시는성령(고전 2:4,5)</td><td rowspan="6">☞그리스도인 되기
☞기독교세계관
☞거친형상과내적치유
☞하나님음성을듣는법
☞이성교제와결혼준비
☞경배와찬양
☞비전과소명
☞기도 학교
☞부모와가정 사역
☞직장과신앙
☞고난과시험
☞감정 다루기
☞영성 훈련
☞캠퍼스 생활
☞대인관계와커뮤니케이션
☞선교와선교적 삶
☞이단 연구
☞대중문화와 기독교
☞하나님의 이름
☞기독교 교리 입문
☞그리스도인의 물질관
☞교회론과 실제
☞종말론과 실제
☞구원론과 실제
☞기독론과 실제
☞신론과 실제
☞기질과 은사 개발</td><td>야고보서</td><td>1. 용서함(엡 4:32)
2. 오래 참음(엡 4:2)
3. 분노를 다스림(엡 4:26)
4. 악의를 버림(엡 4:31)</td></tr>
<tr><td>5년차</td><td>느헤미야</td><td>1. 믿음(히 11:6)
2. 선행(갈 6:9,10)
3. 경청함(약 1:19)
4. 책망을 받아들임(잠 9:8,9)</td><td>갈라디아서</td><td>1. 생각의 습관(빌 4:8)
2. 마음의 습관(눅 6:45)
3. 말의 습관(엡 4:29)
4. 행동의 습관(살전 5:22)</td></tr>
<tr><td>4년차</td><td>사사기</td><td>1. 공급(롬 8:32)
2.유혹에서 도우심(시 119:9,11)
3. 교제(마 18:20)
4. 증거(롬 1:16)</td><td>요한복음</td><td>1. 사랑(요일 3:18)
2. 겸손(벧전 5:5,6)
3. 순결(엡 5:3)
4. 정직(행 24:16)</td></tr>
<tr><td>3년차</td><td>여호수아</td><td>1. 구원의 확신(요 5:24)
2.예수를첫자리에 모심(마 6:33)
3. 죄에서 떠남(롬 12:2)
4. 견고함(고전 15:58)</td><td>빌립보서</td><td>1. 성령(고전 3:16)
2. 능력(사 41:10)
3. 성실(애 3:22,23)
4. 평안(사 26:3)</td></tr>
<tr><td>2년차</td><td>말라기</td><td>1. 중심 되신 그리스도(갈 2:20)
2. 그리스도께 순종(요 14:21)
3. 말씀(딤후 3:16)
4. 기도(요 15:7)</td><td>누가복음</td><td>1. 모든이가 죄를 범함(롬 3:23)
2. 죄의 형벌(롬 6:23)
3. 그리스도가 형벌 받음(롬 5:8)
4. 그리스도를 영접해야함(요 1:12)</td></tr>
<tr><td>1년차</td><td>창세기</td><td>1. 말씀에 의한 생활(행 20:32)
2. 성령에 의한 생활(롬 8:14)
3. 믿음에 의한 생활(고후 5:7)
4.사랑에 의한 생활(요일 4:11)</td><td>에베소서</td><td>1. 구원의 확신(요일 5:11,12)
2. 기도응답의 확신(요 16:24)
3. 승리의 확신(고전 10:13)
4. 사죄의 확신(요일 1:9)</td></tr>
</table>

3. 양육 체계 확립하기

1) 모든 회원을 신앙의 성숙도에 따라 4 Step으로 분류한다.

2) 한 Term에 One Step-up을 목적으로 하여 양육하고 섬기는 사역을 실시한다.

3) Step-up이 이루어지지 않았을 때는 다음 Term에 다시 시도한다.

4) Step-up은 매 Term 시작 시점마다 점검하여 Step-up을 위한 소그룹 사역을 병행한다.

Step	부서 프로그램	소그룹 중점사항	Step 정의
Step4 헌신자	제자훈련 소그룹 모임 리더 모임	리더 비전 나누기 사역팀 합류 소그룹원 챙기기	1.삶이나 시간을 하나님께 드리려는 자 2.성숙을 위해 훈련 받는 자 3.의미 있는 일을 위해 쓰임받기 원하는 자
Step3 예배자	새가족반 젊은이예배 또래 모임	삶 나눔 집중 일일 리더 하기 인턴 리더로 세우기	1.정기적으로 참여하여 예배를 드리는 자 2.예배에 대한 기대와 간증이 있는 자 3.말씀을 듣는 자세가 좋은 자
Step2 참석자	소그룹 초청 전도축제 캠퍼스 모임	그룹 내 역할 주기 매주 주중 접촉 격려와 세움	1.불규칙적으로 예배에 참석하는 자 2.하나님을 인격적으로 만나지 못한 자 3.소그룹 모임에 참석하지 않는 자
Step1 관심자		주일예배 동석친구 매주 주중 접촉 모든 모임 초청	1.친구 따라 교회에 한 번 와본 자 2.기독교와 신앙에 대해 관심 있는 자 3.전도하기로 작정한 전도 대상자

4. 운영지침 반복하기

1) 공동체성에 영향을 주는 소그룹의 기능별로 두 가지 정도의 운영 지침을 마련하여 계속해서 반복한다.

2) 각 운영지침에 대한 세부안을 준비하여 강의와 실습 형식으로 매 Term마다 반복하게 한다.

소그룹 기능	분 류	기능 강화를 위한 운영 지침
양육	귀납적(Inductive)	귀납적으로 성경공부를 인도하라
	대화(Communication)	대화를 통해 마음을 열라
예배	기회(Opportunity)	소그룹 예배에 참여할 기회를 주라
	분위기(Atmosphere)	개방적이고 용납적인 분위기를 만들라
교제	사람(Individual)	사람 중심의 소그룹 교제를 유도하라
	갈등(Trouble)	갈등을 효과적으로 관리하라
전도	기도(Prayer)	기도로 성령의 인도하심을 구하라
	목적(Purpose)	목적 지향적 소그룹이 되게 하라

5. 소그룹 리더 양육하기

1) 리더 양육 커리큘럼을 구체적으로 정하여 재교육하는 시스템을 구축한다.

2) 지속적으로 가르치고 실습하게 하되, 다양한 범주 안에서 치우치지 않도록 실시한다.

회 기	양육 커리큘럼	비 고
1st Term (1~4월)	목적 지향적 소그룹 만들기(6주) 리더 친목회(1일) 기질과 은사(4주) 리더 수련회(1박)	리더 훈련 공동체 훈련 제자 훈련 집중 훈련
2nd Term (5~8월)	귀납적 성경공부의 이론과 실제(4주) 리더 친목회(1일) 두려움 없이 사는 법(6주) 리더 수련회(1박)	리더 훈련 공동체 훈련 제자 훈련 집중 훈련
3rd Term (9~12월)	대인관계와 인간 이해(4주) 리더 친목회(1일) 하나님 마음에 합한 사람(6주) 리더 수련회(1박)	리더 훈련 공동체 훈련 제자 훈련 집중 훈련

[야고보서] 교재 개발 지침

1. 각 과의 목적을 분명하게 드러내고 있는가?
2. 관찰, 해석, 적용, 실천 영역들이 골고루 반영되었는가?
3. 각 질문들이 삶과 연결되었는가?
4. 귀납적으로 소그룹원들의 생각과 삶을 돌아보게 하는 질문인가?
5. 열린 질문('예', '아니오'로 답할 수 없는 질문)인가?
6. 처음부터 끝까지 그 진행이 부드럽고 매끄러운가?
7. 분명하고 확실한 질문인가?
8. 형식적으로 들어간 질문은 없는가?
9. 청년들에게 신선함을 주는 디자인과 내용인가?
10. 연구와 묵고(默考)를 거치면 객관적으로 답할 수 있는 질문들인가?
11. 소그룹 안에서의 협동 학습을 실행할 수 있도록 짜여 있는가?
12. 소그룹 인도자가 충분히 준비할 수 있는 시스템과 자료가 지원되고 있는가?
13. 소그룹 인도자가 각 과의 핵심가치를 분명히 알 수 있게 하는 시스템이 준비되었는가?
14. 소그룹 인도자의 공과 진행은 자신과 지도자가 파악할 수 있는 구조로 마련되었는가?

Contents

청년 공동체 바로 세우기를 위한 소그룹 사역 전략 • 4

1과 **인내를 온전히 이루라**(야고보서 1장 1~11절) • 10

2과 **시험을 참는 새로운 공식**(야고보서 1장 12~18절) • 22

3과 **세 가지 삶의 방식**(야고보서 1장 19~27절) • 33

4과 **심판을 이기는 긍휼**(야고보서 2장 1~13절) • 47

5과 **믿음과 행함**(야고보서 2장 14~26절) • 58

6과 **혀를 길들일 생각은 말라**(야고보서 3장 1~12절) • 69

7과 **땅의 지혜와 하늘의 지혜**(야고보서 3장 13~18절) • 80

8과 **질투를 넘어서는 은혜**(야고보서 4장 1~10절) • 91

9과 **겸손의 적용**(야고보서 4장 11~17절) • 102

10과 **심판을 부르는 삶의 방식**(야고보서 5장 1~6절) • 114

11과 **길이 참는 것**(야고보서 5장 7~12절) • 125

12과 **기도가 무엇인가?**(야고보서 5장 13~20절) • 136

1과
인내를 온전히 이루라

야고보서 1장 1~11절

참을 '인(忍)' 세 번이면 살인도 면한다는 말이 있다.
살인도 면할 수 있는 것이 '인내'다.
인내는 예부터 인륜지덕(人倫之德)으로 분류되어
많은 사람들이 칭찬하고 배우려고 하는 것이다.
하지만 현대 사회를 돌아보면
인내는 별로 중요한 덕목이 아닌 듯 싶다.
그렇게 인내하는 사람도 잘 찾아보기
힘들다는 선입관을 갖게 된다.
왜 현대 사회는 인내하지 못하는 사회일까?
인내는 그냥 되는 것이 아니기 때문이다.
힘쓰고 애쓰지 않으면 안되는 것이기 때문에 어려운 것이다.
불공정 사회 속에서, 억울한 갑을의 관계 속에서
저마다 인내하며 사는 것 같지만
사실은 인내하는 것을 힘들어 하며 사는 것 같다.
인내는 기독교인에게도 중요한 윤리적 덕목일까?
성경은 이 인내에 대해서 무엇이라고 말하는지 살펴 보자.

말씀 암송 | 에베소서 4장 32절

서로 친절하게 하며 불쌍히 여기며 서로 용서하기를 하나님이 그리스도 안에서 너희를 용서하심과 같이 하라

|다가서기|

1. 아래의 명제에 대해서 어떻게 생각하는지 자신의 생각을 0 표해 보라.

모르는 게 약이다.	진실	때때로 다름	거짓
참으면 병이 된다.	진실	때때로 다름	거짓
건강하려면 감정에 솔직해야 한다.	진실	때때로 다름	거짓
믿음으로 살면 인내할 수 있다.	진실	때때로 다름	거짓
참는 것이랑 믿음은 다르다.	진실	때때로 다름	거짓
인내한다고 해결되는 것이 아니다.	진실	때때로 다름	거짓
최고의 덕목은 참을성이다.	진실	때때로 다름	거짓
인생의 성공은 인내에 달려 있다.	진실	때때로 다름	거짓
나는 인내의 사람이다.	진실	때때로 다름	거짓

인도자 가이드 |

각자의 생각을 진솔하게 나누고, 왜 그렇게 생각했는지 하나를 정해서 나누며 서로의 생각을 공유하는 시간을 가지라.

2. 성경이 말하는 인내란 무엇일까? 윤리적 덕목으로서의 인내는 어떤 것이라고 생각하는가?

忍

참다, 견디어내다, 용서하다

인도자 가이드 |

성경에서 말하는 인내에 대해서 공부하기 전에 각자가 가지고 있는 인내의 정의에 대해 나누도록 하라.

|깊이보기|

야고보서는 특정한 교회가 아닌 기독교 일반 성도들에게 공동으로 보낸 서신인 8권의 공동서신 중 하나다. 행위를 강조하는 야고보서는 바울이 강조하는 이신칭의(오직 믿음으로 구원 얻는다)와 충돌처럼 보여서 지푸라기 복음으로 치부되기도 했다. 하지만 야고보가 말하는 '행위(에르곤)'는 바울이 말하는 믿음의 '역사(에르곤)'와 같은 말이다(살전1:3). 당시 '믿음으로만 구원 얻는다'는 명분만 강조하고 믿음의 실천을 외면하는 풍조가 만연했다. 그래서 야고보는 정말 살아 있는 믿음은 반드시 행동으로 드러난다는 사실을 천명한 것이다.

저자는 예수님의 친동생 야고보다. 하지만 그는 자신을 '예수 그리스도의 종'이라고 소개한다. 혈연에 근거한 권위가 아니라 믿음에 근거한 권위로 교회를 섬긴 것이다. 수신자들을 '형제(아델포스)'라고 한다(2절). 자신이 예수와 형제인데 자신은 종이라고 고백하고, 피 한 방울 섞이지 않은 성도들은 형제라고 인식한다. 야고보서는 믿음의 온전함에 대해서 다양한 각도에서 이야기한다. 전체적으로는 구약적 맥락에서 이야기하는 부분이 많으며, 각 교훈들은 서로 긴밀하게 연결되지 않는 것처럼 보인다.

3. 야고보가 말하는 첫 번째 교훈은 무엇인가? 그 의미는 무엇이라고 생각하는가?(2절)

말씀 살피기 |

내 형제들아 너희가 여러 가지 시험을 당하거든 온전히 기쁘게 여기라(약 1:2)

인도자 가이드 |

첫 번째 교훈은 '여러 가지 시험을 당하거든 온전히 기쁘게 여기라'는 것이다. 여기서 말하는 '기쁨'은 '기뻐하라'가 아니라 '기쁨으로 간주하라'는 뜻이다. 감정적 대처를 말하는 것이 아니라 인지적 대처를 말하는 것이다.

4. 우리가 당하는 '여러 가지 시험'을 야고보는 무엇이라고 정의하며 그 의미는 무엇이라고 생각하는가? 이 시험을 온전히 기쁘게 여겨야 하는 이유는 무엇인가?(3절)

말씀 살피기 |

이는 너희 믿음의 시련이 인내를 만들어 내는 줄 너희가 앎이라(약 1:3)

인도자 가이드 |

야고보는 '여러 가지 시험'을 '믿음의 시련'이라고 정의한다. 이 말은 우리에게 다가오는 여러 가지 시험은 우리의 믿음을 겨냥하고 있다는 말이다. 이 시험을 온전히 기쁘게 여겨야 하는 이유는 이 시련이 '인내'를 만들어 내기 때문이다. 이것을 기뻐해야 하는 이유는 성경에서 말하는 인내란 뭔가 좋은 것이기 때문일 것이다.

5. 인내를 온전히 이루어야 하는 이유는 무엇인가? 그 의미는 무엇인지 나누어 보라(4절)

말씀 살피기 |

인내를 온전히 이루라 이는 너희로 온전하고 구비하여 조금도 부족함이 없게 하려 함이라(약 1:4)

인도자 가이드 |

인내를 온전히 이루어야 하는 이유는 이것이 우리로 하여금 '부족함(레이포)이 없게 하기 때문'이다. 이 개념은 예수께서 항상 종말적 개념으로 사용하신 말이다. 종말에 우리로 하여금 부족함이 없게 하는 것이 바로 인내이기 때문이다. 종말적 온전함을 주는 것이 인내이기 때문에 우리는 인내를 이루는 시련을 기쁨으로 간주할 수 있어야 한다.

6. 지금 당신에게 다가온 시험은 어떤 것인가? 그것은 믿음을 공격하기 위한 시련임에 동의하는가? 그 시험을 기쁘게 여기는가? 그렇지 않다면 그 이유는 무엇인가?

인도자 가이드 |

믿는 자에게 다가오는 모든 시험은 다 믿음을 겨냥한 시련이다. 우리의 종말적 믿음을 온전케 하는 인내를 이루게 하는 것이 시험이기 때문에 우리는 인지적 기쁨으로 간주할 수 있다. 그럼에도 불구하고 시련은 괴롭고 아픈 것이기 때문에 우리는 감정적 기쁨과 인지적 기쁨 사이에서 힘겨워 한다.

7. 5-11절까지는 어떻게 인내를 이룰 수 있는지 크게 두 가지를 요구한다. 첫 번째 것은 무엇이고, 구하는 자에게 주시는 약속은 무엇인가?(5절)

말씀 살피기 |

너희 중에 누구든지 지혜가 부족하거든 모든 사람에게 후히 주시고 꾸짖지 아니하시는 하나님께 구하라 그리하면 주시리라(약 1:5)

인도자 가이드 |

첫 번째는 지혜를 구하는 것이다. 그러면 후히 주시고, 꾸짖지 아니하시는 하나님께서 구하는 모든 사람에게 주실 것이라고 약속한다.

8. 지혜를 구하는 두 가지 방법은 무엇인가?
그 의미는 무엇인지 자신의 생각을 나누어 보라(6,7절).

말씀 살피기 |
오직 믿음으로 구하고 조금도 의심하지 말라 의심하는 자는 마치 바람에 밀려 요동하는 바다 물결 같으니, 이런 사람은 무엇이든지 주께 얻기를 생각하지 말라(약 1:6,7)

인도자 가이드 |
지혜를 구하는 방법은 첫째, 오직 믿음으로 구하고, 둘째 의심하지 않는 것이다. 시련의 목적이 믿음을 무너뜨리는 것이기 때문에 우리는 오직 믿음으로 구해야 하고, 의심하지 않는다는 것은 하나님이 후히 주시고 꾸짖지 아니하실 분이라는 사실을 의심하지 말라는 뜻이다.

9. 8절의 '두 마음을 품다'는 신명기 6장5절의 "너는 마음을 다하고 뜻을 다하고 힘을 다하여 네 하나님 여호와를 사랑하라"고 할 때 '다함이 없다'는 말과 일맥상통한 말로 하나님을 온전히 사랑하지 않는 사람인 것이다. 6절을 근거로 할 때 두 마음을 품은 사람은 어떤 사람이라고 말할 수 있는가?

말씀 살피기 |
두 마음을 품어 모든 일에 정함이 없는 자로다(약 1:8)

인도자 가이드 |
두 마음을 품은 사람은 시련이 찾아올 때 결국 믿음으로 구하지도 않고 지혜를 주시는 하나님도 신뢰하지 않는 사람이다. 그저 시련 앞에 염려하고 걱정하고 극단적인 생각만을 하는 사람이 두 마음을 품은 사람이다.

10. 당신은 믿음의 시련이 찾아올 때 어떤 모습인가? 자신의 태도를 돌아보고 어떤 모습으로 발전되어야 할지 정의한 후 그 결단을 나누어 보라.

인도자 가이드 |

여러 가지 다양한 시험꺼리들은 다 믿음을 무너뜨리기 위한 시련이다. 그 시련 앞에 염려하고 화내고 원망하지 말고, 이제는 하나님께 기도해야 한다. 오직 하나님의 선하심을 기억하며 의심하지 말고 믿음으로 기도하는 삶을 살아야 한다.

11. 인내를 온전히 이루는 두 번째 방법은 무엇인가? 이 말의 의미는 무엇이라고 생각되는가?(9,10절)

말씀 살피기 |

낮은 형제는 자기의 높음을 자랑하고, 부한 자는 자기의 낮아짐을 자랑할지니 이는 그가 풀의 꽃과 같이 지나감이라(약 1:9,10)

인도자 가이드 |

두 번째 방법은 자랑하는 것이다. 낮은 형제는 높음을 자랑하고, 부한 자는 낮아짐을 자랑하는 것이다. 낮은 형제의 높음은 종말적 관점을 말하는 것이고, 부한 자의 낮아짐은 인생이 풀의 꽃과 같음을 인식하는 것이다.

12. 이 말은 결국 세상적인 기준이 아니라 영적인 기준으로 살라는 말이다. 당신 속에 있는 세상적인 기준과 영적인 기준은 무엇인지 나누어 보라.

인도자 가이드 |

결국 시대정신을 따라 가다 보면 염려하고 분노할 수밖에 없다. 우리는 인생이 풀의 꽃과 같음을 기억하고 이 세상에서의 부족함 때문에 위축되지 말고, 반대로 이 세상의 부요함으로 인해 교만해서도 안된다. 가난하거나 부요하거나 하나님은 인내를 온전히 이루며 인생을 살기를 원하신다.

|다짐하기|

13. 본문의 교훈에 근거하여 인내를 온전히 이루기 위해서 어떤 삶을 살 것인지 세 가지를 정하고 나누어 보라.

첫 번째 결단	두 번째 결단	세 번째 결단
시험이 찾아오면 그것이 그저 고생이 아니라 믿음을 테스트하기 위한 시련임을 기억한다.	자신의 힘으로 극복하지 않고 후히 주시고 꾸짖지 아니하시는 하나님을 의심하지 않고 믿음으로 구한다.	세상적인 가치관을 걸러내고 영적인 가치관을 가지고 잠깐 있다 사라질 인생의 가치에 지나친 집착을 하지 않도록 한다.

시험을 기쁘게 여기라(2,3절)

총 58절의 야고보서 명령 중 첫 번째는 "여러 가지 시험을 당하거든 온전히 기쁘게 여기라"이다(2절). '여러 가지 시험(페이라스모스)'은 내적 유혹(temptation)과 외적 시련(test)을 다 포함한 개념으로 수동적으로 '당하는 것'이다. '~주위에 떨어지다'라는 의미로 느닷없이 예기치 않게 우리 주위에 떨어진다는 의미다. 시험을 '기뻐하라'가 아니라 '기쁘게 여기라'다. 이 말은 '생각하라, 간주하라, 계산하라'는 뜻으로 시험을 대하는 태도를 일차적으로 감정의 문제가 아니라 인식의 문제로 정의한다. 그 이유는 "믿음의 시련이 인내를 만들어 내기 때문"이다(3절). 모든 시련의 공격 목적은 '믿음'이다. 그래서 야고보는 우리가 당하는 시험을 "믿음의 시련"이라고 말한다. '시련(도키미온)'이란 '믿음을 증명하는 것'으로 잠언 27편 21절에서는 "도가니나 풀무로 은이나 금을 단련한다"는 뜻으로 쓰인다. 풀무불이 불순물을 제거해서 금을 증명하듯이 시련이 불순물을 제거해서 믿음을 증명한다는 말이다.

인내를 이루라(4절)

믿음의 증명은 인내로 드러난다. 인내란 '~아래 머물다'는 뜻으로 수동성이 아니라 교전 중에 기다리는 군사적 기다림에 가깝다(타메즈). 우리는 인내가 그 목적을 달성할 때까지 완벽하게 이루어야 한다(4절). 그래서 NASB는 "let endurance have its perfect result(완전한 결과가 나오게 하라)."라고 번역한다. '이루라(에르콘)'는 말은 '노력하고 애쓰는 것'을 말한다. 바울은 이것을 '믿음의 역사(에르콘)'로 묘사한다. 믿음의 역사는 기적이나 능력 행하는 것이 아니라 버티고, 참고, 애쓰는 모습으로 나타난다. 인생이란 인내의 연속이고, 믿는 사람은 인내로 사는 것이다. 인내를 노력해야 하는 이유는 '부족함(레이포)이 없기' 위해서다(4절). 이 말은 종말적 개념으로 '하나님 앞에서 완전해지기 위해서'다. 그러므로 신앙생활은 인내가 일하게 하고 인내가 일을 마치게 하는 것이다.

지혜를 구하라(5-8절)

인내를 이루기 위해서 첫 번째로 할 것은 지혜를 구하는 것이다. 그 이유는 지혜가 인내를 이루기 때문이다(시73편). 야고보서의 주제는 온전함이다. 인내를 온전히 이루는데 절대적으로 필요한 것이 지혜다. 구하면 하나님은 후히 주시고, 꾸짖지 않으시고, 구하는 모든 사람에게 주신다.

지혜를 구하는 방편은 두 가지다. 첫 번째는 오직 믿음으로 구하는 것이다(6절). 시험이 오는 목적과 기도하는 목적이 같아야 한다. 시험은 믿음을 공격하는데, 우리는 평안을 기도하면 안된다. 두 번째는 조금도 의심하지 말아야 한다(6절). '의심(디아크리노)'은 후히 주시고, 꾸짖지 아니하시고, 모두에게 주시는 하나님의 성품, 하나님의 정체성을 의심하지 말라는 뜻이다.

응답받지 못하는 자의 특징은 첫째, 바람에 밀려 요동하는 바다 물결 같은 사람이다(6,7절). 외부 환경에 이리 저리 흔들리는 믿음의 소유자다. 둘째, 두 마음을 품어 모든 일에 정함이 없는 사람이다(8절). 두 마음은 '두 영혼, 두 번의 마음'이다. 이 사람은 두 주인을 섬기는 사람이고(마6:24), 마음을 다하고 뜻을 다하고 힘을 다하여 네 하나님 여호와를 사랑하라고 할 때의 '다함'이 없는 개념이다(신6:5). 하나님을 온전히 사랑하지 않는 사람이 두 마음을 품은 사람이다.

자랑하라(9-11절)

두 번째는 '자랑하라(카우카오마이)'는 것이다. 먼저 가난한 자는 '자기의 높음'을 자랑해야 하는데 이는 종말의 부요함을 자랑하라는 뜻이다. 부한 자에게 '자기의 낮아짐'을 자랑해야 하는데 그 이유는 인생 여정이 마른 풀과 떨어지는 꽃과 같이 될 것이기 때문이다. 가난한 자와 부한 자의 기본적인 문제는 물질에 대한 태도다. 가난한 자는 물질에 대한 욕망을 가지는 것이 문제이고, 부한 자는 물질에 대한 애착을 가지는 것이 문제다. 이것은 세상의 기준이다. 그리스도인이 재물에 마음을 두면 그때부터 온갖 시험이 찾아온다. 세상의 기준에 집착하지 말고 오직 종말적 풍요함과 인간의 본질만을 기억하는 영적인 기준으로 살아야 한다. 시험 중에 우리가 자랑해야 하는 것은 자신의 지혜나 용맹이나 부가 아니라 인간의 본질과 하나님의 풍요함이다(렘9:23,24).

|청년 자기 체크리스트|

아래의 체크리스트를 가지고 오늘 소그룹 모임에 임한 자신의 태도를 충분히 점검해 보라.

	점검 사항	5	4	3	2	1
준비 및 예습	본 과를 준비하면서 충분히 예습은 하였는가?					
	각 과의 분명한 목적은 알고 모임에 임했는가?					
	성령께서 나를 만지시도록 기도로 준비하였는가?					
	소그룹원들을 위해서 중보하였는가?					
	리더를 위해서 중보하였는가?					
	나를 변화시키실 하나님을 기대하는 마음으로 임했는가?					
참여 및 자세	적극적으로 질문과 대답에 참여했는가?					
	정직하게 자신을 보여주었는가?					
	지체들의 이야기에 사랑의 마음으로 공감적 경청을 하였는가?					
	모임 중 성령의 인도하심을 계속적으로 구했는가?					
	하나님께서 원하시는 것이 무엇인지 분명히 알았는가?					
	발견한 진리를 삶과 인격에 적용하기로 결단했는가?					
	이번주에 중보할 지체를 발견했는가?					
적용 및 결단	자신의 적용이 삶과 인격에 변화를 가져올 만큼 구체적인가?					
	배운 내용이 삶의 상황에 분명히 적용되었는가?					
	소그룹 모임에 대한 만족감이 있었는가?					
	배운 내용을 분명하게 정리했는가?					
	이번 과의 주제와 목적을 분명히 알게 되었는가?					
	삶과 인격의 변화를 위해 기도할 준비가 되어 있는가?					
평가	이번주 총점					

"그러므로 내 사랑하는 형제들아 견실하며 흔들리지 말고 항상 주의 일에 더욱 힘쓰는 자들이 되라 이는 너희 수고가 주 안에서 헛되지 않은 줄 앎이라" (고전 15:58)

- 이번주 생일 맞은 사람은?
- 이번주 소그룹 특이 사항은?
- 다음주 행사는?
- 다음주 전도할 대상은?
- 이번 달 암송 구절과 필독서는?

2과
시험을 참는 새로운 공식

야고보서 1장12-18절

인생이 참 힘들다.

부족해서 힘들고, 틀어져서 힘들고, 아파서 힘들다.

인생이란 어떤 것이기에 힘든 삶의 연속처럼 보일까?

사실 인생은 그 본질이 광야와 같다.

무엇 때문에 힘든 것이 아니라 원래부터 힘이 드는 길이다.

이것을 이해하는 것은 인생을 풀어 가는데 상당한 지혜를 준다.

원래부터 힘든 길이기 때문에 그러려니 하는 것이다.

하지만 성경은 인생에 하나님의 복도 약속하셨다.

하나님의 복은 우리가 어떻게 행동하느냐에 따라 변한다.

하나님은 시험(test)을 통해 우리의 복을 약속하신다.

이 시험을 참는 자에게 복이 주어진다.

하지만 우리는 시험을 참지 못할 때가 많다.

그 이유가 무엇일까?

오늘 본문이 말하는 시험에 관한 이야기를 깊이 들여다보자.

말씀 암송 | 에베소서 4장 32절

서로 친절하게 하며 불쌍히 여기며 서로 용서하기를 하나님이 그리스도 안에서 너희를 용서하심과 같이 하라

|다가서기|

1. 다음의 내용 중 참을 수 없을 것 같은 것은 어떤 것인가? 그 이유는 무엇인지 나누어 보자.

약속한 사람이 1시간이 넘도록 약속 장소에 나타나지 않는다.	남자 친구가 다른 여자랑 여행을 떠났다.	너무 힘들다고 해서 200만원을 빌려 줬는데 갚지 않고 전화해도 없는 번호라고 뜬다.
아버지가 술만 마시면 어머니께 욕을 하고 구타를 하신다.	내가 교회를 다닌다는 이유로 직장 상사가 심하게 왕따를 시키고 비아냥거린다.	큰맘 먹고 비싸게 주고 산 자전거가 아침에 보니 없다. 누가 훔쳐 가 버렸다.
열심히 공부했는데 시험 성적이 형편없이 나왔다.	군대 갔다 오는 동안 여자친구를 부탁했는데 친구놈이 내 여자친구랑 눈이 맞았다.	갑자가 끼어들기를 한 운전자에게 경적을 울렸다고 계속해서 위협 운전을 한다.

인도자 가이드 |

어느 것 하나 참기가 쉽지 않은 내용들이다. 하지만 참는 건 어렵지만 참지 못하면 더 큰 재앙들이 예측된다고 짐작할 수 있다. 나는 어떤 경우에 특히 참을 수가 없는지 자유롭게 나누라.

2. 과거에 어떤 일을 잘 참아서 유익을 얻은 경우가 있는가? 있다면 그 때의 경험을 나누어 보라.

인도자 가이드 |

참는 것은 쉬운 일이 아니지만 잘 참게 될 때는 유익이 많다. 그런 경험들을 나누면서 각자의 인내에 대한 기대치를 올릴 수 있다.

|깊이보기|

야고보는 시험이 오면 무조건 두 가지를 하라고 했다.
첫째는 시험을 인내할 지혜를 구하라고 했고,
둘째는 인생의 덫 없는 본질과 종말의 풍요로움을 자랑하라고 했다. 그런 방식을 통해 인내를 온전히 이루라고 말한다. 야고보서의 주제는 '온전함'이다. 믿음으로 온전하게 되는 것은 인내하는 모습으로 드러난다는 것이다. 이것이 '믿음의 역사'다. 그에 이어 본문에서는 시험에 대한 우리의 두 가지 반응을 이야기한다. 그리고 그 반응의 기저에 깔려 있는 우리가 시험 받는 이유와 그에 반해 하나님은 어떤 분인지를, 그리고 우리가 왜 시험을 인내해야 하는지를 말씀한다.

3. 시험을 참는 자는 복이 있다고 하신 이유가 무엇이라고 생각하는가?(12절)

말씀 살피기 |

시험을 참는 자는 복이 있나니 이는 시련을 견디어 낸 자가 주께서 자기를 사랑하는 자들에게 약속하신 생명의 면류관을 얻을 것이기 때문이라(약 1:12)

인도자 가이드 |

주께서 시련을 견디어 내는 자에게 약속하신 생명의 면류관이 있기 때문이다. 여기서 우리는 복된 자가 참는 자라는 기본 명제를 보다 분명히 세울 필요가 있다.

4. 하나님은 당신을 사랑하는 자를 어떻게 묘사하고 계신가? 이 말이 당신에게 시사하는 바는 무엇인가?(12절)

인도자 가이드 |
주님은 시련을 참고 견디는 자가 주님을 사랑하는 자라고 말한다. 이 말이 우리에게 주는 시사점은 시험은 자기 힘이나 경험, 지혜로 참는 것이 아니라 주님을 사랑하는 마음으로 참는 것이라는 점이다.

5. 시험을 받을 때 '내가 하나님께 시험 받는다'고 원망하지 말아야 하는 세 가지 이유가 무엇인가?(13,14절)

① 하나님은 악에게 시험을 받지 않으시기 때문

② 하나님은 친히 아무도 시험하지 않으시기 때문

③ 시험은 하나님이나 사탄이 아니라 내 욕심 때문에 받는 것이기 때문

말씀 살피기 |
사람이 시험을 받을 때에 내가 하나님께 시험을 받는다 하지 말지니 하나님은 악에게 시험을 받지도 아니하시고 친히 아무도 시험하지 아니하시느니라, 오직 각 사람이 시험을 받는 것은 자기 욕심에 끌려 미혹됨이니(약 1:13,14)

인도자 가이드 |
12절의 '시험(test)'과 13절의 '시험(tempt)'은 의미가 다르다. 12절의 시험은 복을 주시기 위한 테스트이지만, 13절의 시험은 넘어뜨리기 위한 유혹에 가깝다. 하나님은 후자의 목적으로 우리를 유혹하시지 않는다는 의미다.

6. 성경은 우리가 시험(유혹)을 받는 이유를 한 가지, 곧 우리의 욕심이라고 설명한다(14절). 당신이 시험을 받는 욕심은 어떤 종류의 것인지 깊이 생각해 보고 나누어 보라(참고, 요일2:16).

말씀 살피기 |

이는 세상에 있는 모든 것이 육신의 정욕과 안목의 정욕과 이생의 자랑이니 다 아버지께로부터 온 것이 아니요 세상으로부터 온 것이라(요일 2:16)

인도자 가이드 |

우리는 시험을 받을 때 '하나님께 받는다', 혹은 '사탄에게 받는다'라고 말하지 말아야 한다. 왜냐하면 성경은 우리가 시험을 받는 이유를 단 하나, 우리의 욕심이라고 설명하고 있기 때문이다. 자기 속에 있는 물질, 사람, 관계, 자존심 등에 대한 욕심과 기준을 자유롭게 나누게 도우라. 이 부분은 깊이 있는 숙고가 있어야 하므로 좀 더 시간을 할애하는 것도 도움이 된다.

7. 세상의 모든 사람은 사망에 이르게 된다. 그런 의미에서 15절은 보편적인 인생 공식을 말하는 것이기도 한다. 세상 모든 사람들이 살게 되는 인생 공식을 정리해 보라(15절).

□□→□→□□

말씀 살피기 |

욕심이 잉태한즉 죄를 낳고 죄가 장성한즉 사망을 낳느니라(약 1:15)

인도자 가이드 |

정답: 욕심, 죄, 사망

모든 인간은 이 공식 안에서 살아간다. 아무도 벗어날 수 없는 보편적이고 절대적인 공식 속에서 산다. 이 공식을 이해하는 것이 중요하다. 왜냐하면 18절에서는 이 공식에 대비하여 믿는 자의 새로운 삶의 공식을 말하고 있기 때문이다.

8. 이에 반해 하나님은 어떤 분으로 묘사되고 있는가? 당신이 생각하는 하나님은 어떤 분이신가?(17절)

말씀 살피기 |

온갖 좋은 은사와 온전한 선물이 다 위로부터 빛들의 아버지께로부터 내려오나니 그는 변함도 없으시고 회전하는 그림자도 없으시니라(약 1:17)

인도자 가이드 |

야고보가 16절에서 속지 말라고 한 내용은 위 구절에 소개되었다. 그리고 속지 말아야 할 이유를 하나님의 성품으로 소개하고 있는데, 하나님은 죄 짓게 하고, 사망에 이르게 하시는 분이 아니라 온갖 좋은 은사와 온전한 선물을 주시는 변함이 없는 분이시다('은사'와 '선물'은 같은 '선물'이라는 의미이며, '회전하는 그림자도 없으시다'는 의미는 변함이 없다는 말이다).

9. 18절은 15절에서 말한 인생 공식과 전혀 다른 인생 공식을 말한다. 이 공식을 정리해 보라(18절).

□→□□→□□□

말씀 살피기 |

그가 그 피조물 중에 우리로 한 첫 열매가 되게 하시려고 자기의 뜻을 따라 진리의 말씀으로 우리를 낳으셨느니라(약 1:18)

인도자 가이드 |

정답: 뜻, 말씀, 첫열매

하나님은 '욕심 – 죄 – 사망'의 공식에 사는 우리를 불러 '하나님의 뜻 – 말씀 – 첫열매'의 공식 속에서 살도록 하셨다. 그렇기 때문에 우리는 욕심이 아니라 하나님의 뜻에 따라 살아야 하고, 죄가 아니라 말씀으로 살아야 한다. 그럴 때 우리는 사망에 이르지 않고 피조 세계의 첫 열매가 되는 것이다(주님이 부활의 첫 열매이고, 우리는 피조물 중에 첫 열매가 된다).

10. 우리가 시험을 참아야 하는 이유는 새로운 공식으로 살도록 부름 받았기 때문이다. 당신의 삶은 어떤가? 공식 하나 하나를 생각해 보면서 나에게 부족한 것이 무엇인지 나누어 보라.

인도자 가이드 |
우리의 삶의 공식은 하나님의 뜻에 따라, 말씀으로 삶으로 피조물 중에 첫 열매가 되는 것이다. 우리가 시험을 참아야 하는 이유는 더 이상 우리는 욕심에 이끌려, 죄를 짓고, 그래서 결국은 사망에 이르게 되는 운명이 아니기 때문이다. 내 속에 있는 욕심과 죄를 점검하고, 말씀에 대한 어떤 태도를 취하고 있는지 살펴보도록 도우라.

|다짐하기|

11. 당신이 시험을 참는 새로운 삶의 공식대로 살기 위해서 구체적으로 해야 할 부분이 무엇인지 생각해 보고 굳은 결심으로 그룹원들에게 나누어 보라.

인도자 가이드 |
새로운 삶의 공식은 시험을 참는 복된 공식이다. 그것은 늘 나를 향하신 하나님의 뜻을 생각하고 그 뜻대로 살도록 말씀을 상고하고 실천하는 것이다. 결국 사망에 이르지 않게 하신 하나님의 은혜와 사랑을 생각하며 삶 속에서 말씀을 어떻게 더욱 상고하고 공부하고 실천해 갈지를 나누도록 도우라.

시험을 참는 자와 원망하는 자(12절)

12절과 13절은 시험을 받을 때 '참는 사람'과 '하나님을 원망하는 사람'을 대조하고 있다. 참는 자는 복이 있다고 말한다. 생명의 면류관을 받을 것이기 때문이다. 이 복은 팔복에서 말하는 '복(마카리오스)'으로 감정적 행복과는 다른 종말적 개념의 복이다. 하나님은 시험을 참는 사람을 "자기를 사랑하는 사람"이라고 정의하신다. '견딘다'는 말은 궁극적으로 하나님의 섭리를 믿고 참고 기다리는 것을 말한다. 인내란 그냥 버티는 것이 아니라 군인이 승리를 확신하며 지금 날아오는 엄청난 공격을 참고 기다리는 것이다.

시험(test)과 유혹(tempt)을 나누는 기준(13,14절)

시험을 받을 때 '하나님께 받는다'라고 하지 말아야 한다. 그 이유는 첫째, 하나님은 악에게 시험을 받지 않으시기 때문이고(13절), 둘째, 친히 아무도 시험하지 않으시기 때문이다(14절). 셋째, 시험은 오직 자기 욕심 때문에 받는 것이기 때문이다(14절). 하나님께서 우리에게 복을 주시기 위해 시험(test)을 하시지만, 죄를 유도하는 유혹(tempt)을 하지는 않으신다. '시험'은 접미어가 달라지면서 '시험(test, 페이라스모스)'이 되기도 하고, '유혹(tempt, 페이라조)'이 되기도 한다. 둘을 나누는 기준은 하나님이나 사탄이 아니라 내 속에 있는 '욕심'이다(14절). 우리가 시험을 인내하면 그것은 복을 초래하는 test가 되지만, 불평하고 원망하여 영혼이 황폐해 진다면 그것은 죄를 초래하는 tempt가 되는 개념이라고 생각해도 무방하다. 그 중심에 오직 우리의 욕심이 있다는 말이다.

욕심과 죄와 사망의 공식(15,16절)

욕심은 잉태되는 것이다(15절). 잉태되는 것은 보이지 않아서 처음에는 욕심인지 죄인지 모른다. 하지만 이 욕심에 계속해서 이끌리면 죄를 낳게 된다. 그렇게 낳은 죄는 처음에는 갓난아기처럼 아무 짓도 못할 것 같지만 죄의 실존은 강력해서 점차 내 의지와 상관없이 무섭게 장성하고 건장해 져서 결국 우리를 죽음에 이르게 한다. 성경이 말하는 죽음은 죄의 결과요 우리의 마지막 원수다. 죽음을 죽이지 않고는 구원은 완성될 수 없다. 이 죽음의 원인이 바로 내 속에 있는 욕심이다. 모든 사람이 사망하는 세상에서 욕심이 잉태하여 죄를 낳고 죄가 장성하여 사망을 낳는 공식은 인류의 보편적인 삶의 공식인 셈이다.

하나님은 어떤 분인가?

그래서 야고보는 속지 말라고 말한다(16절). 첫 번째는 인생에서 있어서 욕심은 긍정적일 수 있다는 사실에 속지 말라는 뜻이고, 두 번째는 시험을 받을 때 하나님께서 나를 시험하신 것인 양 속지 말라는 것이고, 세 번째는 '이 시험은 사탄이 준거야!'라고도 속지 말라는 것이다. 우리가 시험에 드는 것은 우리 욕심 때문이다.
이에 반해 하나님은 '온갖 좋고 온전한 은사와 선물을 주시는 분'이시다(17절). 여기서 '은사'와 '선물'은 같은 의미로 2,4절에서 말했던 '인내를 온전히 이루는 것'이다. '시험을 참는 인내'가 욕심이 잉태하여 죄를 낳고, 죄가 장성하여 사망을 낳는 인생 공식 속에서 사는 우리에게 주신 가장 선하고 온전한 선물이다.

하나님의 뜻과 말씀과 첫 열매의 공식(17절)

야고보는 최고의 선물인 인내가 '변함도 없으시고 회전하는 그림자도 없으신 빛들의 아버지'께로부터 주어진다고 말한다(17절). 그 이유는 우리로 하여금 첫 열매가 되게 하기 위해서이다(18절). '하나님의 뜻이 잉태하여 말씀을 낳고, 말씀이 장성하여 첫 열매'가 되는 새로운 인생 공식을 말씀하신 것이다. 죄된 보편적 인생 공식은 사망으로 끝이 나지만, 죄 용서가 있는 인생 공식은 이 피조 세계의 첫 열매로 끝이 난다. 야고보는 예수 믿는 사람은 '욕심-죄-사망'의 공식이 아니라 '하나님의 뜻-말씀-첫 열매'의 공식 속에서 살아야 한다고 말한다. 이 공식이 바로 시험을 참고 인내할 수 있는 공식인 셈이다.

|청년 자기 체크리스트|

아래의 체크리스트를 가지고 오늘 소그룹 모임에 임한 자신의 태도를 충분히 점검해 보라.

	점검 사항	5	4	3	2	1
준비 및 예습	본 과를 준비하면서 충분히 예습은 하였는가?					
	각 과의 분명한 목적은 알고 모임에 임했는가?					
	성령께서 나를 만지시도록 기도로 준비하였는가?					
	소그룹원들을 위해서 중보하였는가?					
	리더를 위해서 중보하였는가?					
	나를 변화시키실 하나님을 기대하는 마음으로 임했는가?					
참여 및 자세	적극적으로 질문과 대답에 참여했는가?					
	정직하게 자신을 보여주었는가?					
	지체들의 이야기에 사랑의 마음으로 공감적 경청을 하였는가?					
	모임 중 성령의 인도하심을 계속적으로 구했는가?					
	하나님께서 원하시는 것이 무엇인지 분명히 알았는가?					
	발견한 진리를 삶과 인격에 적용하기로 결단했는가?					
	이번주에 중보할 지체를 발견했는가?					
적용 및 결단	자신의 적용이 삶과 인격에 변화를 가져올 만큼 구체적인가?					
	배운 내용이 삶의 상황에 분명히 적용되었는가?					
	소그룹 모임에 대한 만족감이 있었는가?					
	배운 내용을 분명하게 정리했는가?					
	이번 과의 주제와 목적을 분명히 알게 되었는가?					
	삶과 인격의 변화를 위해 기도할 준비가 되어 있는가?					
평가	이번주 총점					

"그러므로 내 사랑하는 형제들아 견실하며 흔들리지 말고 항상 주의 일에 더욱 힘쓰는 자들이 되라 이는 너희 수고가 주 안에서 헛되지 않은 줄 앎이라" (고전 15:58)

- 이번주 생일 맞은 사람은?
- 이번주 소그룹 특이 사항은?
- 다음주 행사는?
- 다음주 전도할 대상은?
- 이번 달 암송 구절과 필독서는?

3과
세 가지 삶의 방식

야고보서 1장 19~27절

세상에는 삶의 방식이 많다.
삶의 방식이란 삶을 살아가는 방법, 기준, 방향, 가치 등을 포함하는 말이다.
그래서 우리는 주위에서 다양한 삶의 방식을 듣는다.
너무 행복하게 사는 삶이 있고, 죽지 못해 사는 삶도 있다.
부득이함으로 사는 삶도 있고, 아무 생각 없이 사는 삶도 있다.
분명한 사실은 어떤 가치의 삶을 살든
그 삶에는 틀림없이 방식이 있다는 것이다.
성경에는 의미 있는 삶을 다양하게 소개한다.
오늘 살펴볼 삶의 방식은
앞에서 야고보가 소개한 새로운 삶의 공식
즉 하나님의 뜻이 잉태하여 말씀을 낳고,
말씀이 장성하여 첫 열매가 되는
이런 삶은 어떻게 살 수 있는가 하는 것이다.
야고보는 크게 세 가지를 설명한다.

말씀 암송 | 에베소서 4장 32절

서로 친절하게 하며 불쌍히 여기며 서로 용서하기를 하나님이 그리스도 안에서 너희를 용서하심과 같이 하라

|다가서기|

1. 당신의 삶에서 가장 중요한 것은 무엇인지 말해 보라. 그 이유도 설명해 보라.

돈　사람　행복

건강　성공　명예

인도자 가이드 |

각자가 생각하는 삶의 다양한 가치관들을 나누어 보게 한다. 단 믿음이나 신앙, 예수님은 제외하고 답해보도록 하라.

2. 성경에서 말하는 가장 가치 있는 삶의 방식이란 어떤 것이라고 생각하는가?

인도자 가이드 |

질문의 요지는 '삶'이 아니라 '삶의 방식'이다. 가치 있는 삶과 가치 있는 삶의 방식은 다르다. 구체적으로 어떤 삶의 방식이라고 대답할 수 있도록 질문을 유도해 주고, 삶의 방식에 대한 서로의 생각을 나누도록 한다.

|깊이보기|

본문은 앞에서 말한 새로운 삶의 공식을 어떻게 살아 갈 수 있는지 그 방법을 세 가지로 말한다. 첫째는 듣기를 속히 하고, 둘째는 말하기를 더디 하고, 셋째는 성내기를 더디 하는 것이다. 이것들을 20~27절에서 하나씩 세부적으로 설명하는데, 20~21절에서는 '성내는 것'에 대해서, 22~25절에서는 '듣는 것'에 대해서, 그리고 26,27절이 '말하는 것'에 대해서다. 그러므로 19절은 총론으로, 20~27절은 각론이라고 볼 수 있다. 어떻게 '하나님의 뜻을 품고 말씀으로 첫 열매가 되어져 가는가?'에 대한 세 가지 방식을 설명하고 있는 것이다.

3. 첫 번째 삶의 방식은 '성내기를 더디 하는 것'이다. 성내는 삶을 살지 말아야 할 이유를 야고보는 뭐라고 말하는가? 그 의미는 무엇인지 다음의 글을 읽고 자신의 생각을 나누어 보라(20절).

야고보서가 언제 쓰여졌는지는 논란이 있지만, 바울의 이신득의 사상을 기록한 로마서를야고보서보다 더 늦게 기록된 것으로 본다. 그러므로 본문의 '의'를 바울이 말하는 '하나님에 의해 주어지는 의'의 관점에서 이해하면 안된다. 학자들은 야고보서의 전형적인 특성상 이 의는 바울의 관점이 아니라 구약적 관점으로 이해해야 한다고 설명한다. 이 '의'는 첫째는 '하나님이 보시기에 옳은 것', 둘째는 '하나님과의 올바른 관계', 셋째는 '인간 행동 규범으로서의 하나님의 기준' 이라는 범주에서 생각하는 것이 옳다.

말씀 살피기 |

사람이 성내는 것이 하나님의 의를 이루지 못함이라(약 1:20)

인도자 가이드 |

성내는 것이 하나님의 의를 이루지 못하기 때문이다. 이 의는 구약적 관점에서 말하는 의로 하나님을 사랑하고 이웃을 사랑하는 범주 내에서의 것으로 이해하는 것이 옳다.

4. 야고보는 성내는 것을 더디 하는 방법을 두 가지로 설명한다. 그 두 가지는 무엇이고, 그 의미는 무엇이라고 생각하는가?(21절)

온유함　악　버리　말씀　더러운　마음　받아

① 내 □□는 것 - 모든 □□□ 것과

넘치는 □

② □□들이는 것 - □□에 심어진

□□을 □□□으로

말씀 살피기 |

그러므로 모든 더러운 것과 넘치는 악을 내버리고 너희 영혼을 능히 구원할 바 마음에 심어진 말씀을 온유함으로 받으라(약 1:21)

인도자 가이드 |

정답: 버리, 더러운, 악, 받아, 마음, 말씀, 온유함
크게 내어 버리는 것과 받아들이는 것이다. 내어 버려야 할 것은 통제되지 않는 말과 행동을 의미하고, 받아들여야 하는 것은 말씀이다. 온유함이란 하나님 나라를 소유하는 기준으로 예수님이 말씀을 받아들이신 것처럼 그렇게 해야 한다는 뜻이다.

5. 두 번째 방식은 '듣기를 속히 하는 것'이다. 듣기를 속히 하는 것은 어떤 것이라고 묘사하는지 22절을 보고 답해 보라(22절).

말씀 살피기 |

너희는 말씀을 행하는 자가 되고 듣기만 하여 자신을 속이는 자가 되지 말라(약 1:22)

인도자 가이드 |

듣기를 속히 하는 개념은 행하는 것을 포함하는 개념이다. 즉 행하기 위해서 하나님의 말씀을 듣는 것을 말한다. 듣기를 속히 하는 것은 관계적 측면의 교훈이 아니라 하나님의 말씀에 대한 태도라고 보아야 한다.

6. 말씀을 듣기만 하고 행하지 않는 것은 어떤 것과 같다고 말하는지(23,24절), 그 의미는 무엇인지 다음의 글을 일고 나누어 보라.

당시의 '거울'은 선명도가 떨어지는 동(bronze)으로 만든 것으로, 얼굴에 묻은 오물이나 기본적인 상처를 자가 치료하기 위한 용도였지, 섬세한 화장을 하는데 사용하는 물건은 아니었다. 그러므로 자세히 보지 않으면 자기 얼굴에 묻은 오물을 발견하는 것조차 쉽지가 않아 얼굴에 무엇이 묻었는지 쉽게 파악하기 어려웠다고 한다. 23절의 '생긴 얼굴'이란 하나님의 형상을 따라 창조되었던 우리의 원래 모양을 나타내는 말로, 이 말은 말씀으로 자신의 잘못을 발견했으면서도 돌이키지 않는 것을 의미한다고 볼 수 있다.

말씀 살피기 |
누구든지 말씀을 듣고 행하지 아니하면 그는 거울로 자기의 생긴 얼굴을 보는 사람과 같아서, 제 자신을 보고 가서 그 모습이 어떠했는지를 곧 잊어버리거니와(약 1:23,24)

인도자 가이드 |
듣기만 하고 행하지 않는 것은 자기 얼굴을 거울로 보고 가서 곧 바로 잊어버리는 모습과 같다고 묘사한다. 자신의 생긴 얼굴을 잊어버린다는 말은 건망증이 아니라 말씀을 보고 자신의 잘못을 발견했지만 돌이키지 않는 태도를 빗대어 말하는 것이다.

7. 25절에서는 말씀을 듣고 실천하는 자를 어떻게 묘사하고 있는가? 그 의미는 무엇인지 자신의 말로 나누어 보라.

말씀 살피기 |
자유롭게 하는 온전한 율법을 들여다보고 있는 자는 듣고 잊어버리는 자가 아니요 실천하는 자니 이 사람은 그 행하는 일에 복을 받으리라(약 1:25)

인도자 가이드 |

'자유롭게 하는 온전한 율법' 즉 '진리의 말씀'을 들여다보는 자로 묘사하고 있다. 들여다본다는 말은 언약궤 위의 천사들이 율법을 들여다보듯이 사모하는 심령으로 말씀을 묵상하고 배우고 익히는 것을 의미한다고 볼 수 있다.

8. 첫 열매가 되는 새 공식의 세 번째 삶의 방식은 무엇인가? 이것을 26절은 어떻게 묘사하고 있으며, 무엇과 연관지어 설명하는가?(26절)

말씀 살피기 |

누구든지 스스로 경건하다 생각하며 자기 혀를 재갈 물리지 아니하고 자기 마음을 속이면 이 사람의 경건은 헛것이라(약 1:26)

인도자 가이드 |

세 번째 삶의 방식은 말을 더디 하는 것이다. 이것을 26절에서는 '혀를 재갈 물리는 것'이라고 묘사하며, 특별히 경건의 개념과 연관지어 설명하고 있다.

9. 속으로 경건하다고 생각하면서 겉으로 혀를 제어하지 못하는 모습은 어떤 것이라고 경고하고 있는가?(26절) 당신의 모습은 어떤지 반성해 보라.

인도자 가이드 |

스스로를 속이는 것이라고 말한다. 여기서 '헛것'이라는 말은 우상숭배다. 진정한 내면의 경건은 일차적으로 말로 외면화되어야 한다는 뜻이다. 말은 '입술의 열매'다. 속의 경건이 겉으로 드러나는 열매의 개념이다. 말은 그냥 나오는 것이 아니다. 그 사람의 됨됨이가 흘러나오는 것이다.

10. 말의 경건은 두 가지 측면에서 확장되어야 한다. 이 두 가지는 무엇인가? 이런 맥락에서 진정한 경건이란 무엇인지 자신의 생각을 나누어 보자(27절).

말씀 살피기 |
하나님 아버지 앞에서 정결하고 더러움이 없는 경건은 곧 고아와 과부를 그 환난중에 돌보고 또 자기를 지켜 세속에 물들지 아니하는 그것이니라(약 1:27)

인도자 가이드 |
경건의 두 가지 측면은 첫째 고아와 과부를 그 환난 중에 돌아보고, 둘째 자기를 세속에 물들지 않게 지키는 것이다. 진정한 경건이란 속으로 완성되는 것이 아니라 말로 행동으로, 지속적인 절제와 관리로 완성되는 것이다.

11. 당신의 말은 외적으로 어떻게 드러나는가? 자신의 언어 습관을 반성해 보고, 칭찬할 부분과 개선할 부분을 말해 보라.

인도자 가이드 |
말은 그냥 내 뱉는 것이 아니라 경건의 기초이며 열매이다. 따라서 말은 그 사람을 드러내는 것이며, 동시에 하나님을 높이는 예배의 도구가 된다. 함부로 말하는 것이나, 객관적으로 볼 때 냉소적이거나 부정적인 언어습관은 없는지 서로서로 점검해 주는 시간을 가지라.

|다짐하기|

12. 하나님의 뜻이 잉태하여 말씀을 낳고 말씀이 장성하여 첫 열매가 되는 새로운 공식을 살아내는 세 가지 삶의 방식을 정리하고 각각에 대한 자신의 결단을 나누어 보라.

하나님의 뜻 → 말씀 → 피조 세계의 첫 열매

①

②

③

인도자 가이드 |

정답 : ① 성내기를 더디 하기, ② 듣기를 속히 하기, ③ 말하기를 더디 하기

각각에 대한 자신의 구체적이고 실천 가능한 각오를 이야기하고, 서로 점검하는 시간을 갖도록 도우라.

성내기를 더디 하라

성내기를 '더디 하는 것(브라뒤스, slow)'은 일반적인 관계의 법칙이기 이전에 하나님이 우리를 부르신 부르심에 대한 반응이다. 왜냐하면 성내기를 더디 하는 것이 하나님의 의를 이루기 때문이다(20절).

성내기를 더디 하는 법은 첫 번째는 '모든 더러운 것과 넘치는 악을 내어 버리는 것'이다(21절). 반대로 말하면 이것이 우리가 성 내는 이유라는 말이다. '더러운 것'은 우리 영혼에 묻은 얼룩이 더러운 오물이 되서 입 밖으로 나오는 말을 가리키고(엡4:31), '넘치는 악'은 통제가 안되서 솟구쳐 표출되는 악한 행동을 의미한다. '우리 속에서 통제가 안되서 쏟아져 나오는 말과 행동'을 버릴 때 우리는 성내기를 더디 할 수 있다.

두 번째는 '마음에 심긴 말씀을 온유함으로 받아들이는 것'이다. '온유함(프라위테스)'이란 성내는 것의 반대 개념으로 팔복에서는 하나님 나라를 소유하는 기준이 된다. 성경은 온유함은 구원받아 그리스도와 연합한 자에게 나타나는 특징이라고 말한다(갈5:23). 바울은 고린도후서 10장1절에서 '온유함'을 예수님의 것으로 언급하면서, 이것이 교회가 본 받아야 할 모습이라고 제시한다. 결과적으로 이 온유함이란 하나님의 말씀을 속히 듣고, 더디 말하여 부지런히 배움으로 가능한 것이다.

듣기를 속히 하라

듣기를 속히 하는 것은 '순종할 마음의 준비를 하고 듣는 것'을 말한다(토마스 맨튼). 유대 사회에서 '듣기만 하는 자'는 '속이는 자'고(22절), '듣고 행하는 자'는 자기 집을 반석 위에 지은 '지혜로운 사람'이다(마7장, 눅11장). 이처럼 '듣는 것'이란 행함을 포함하는 개념이다(마틴). 그러므로 믿음을 지키는 가장 지혜로운 방법이 듣고 행하는 것이다. 듣기를 게을리 했던 어리석은 다섯 처녀에게 주었던 결론인 '깨어 있으라'가 바로 순종하기 위해 듣기를 속히 하는 것이다(마 24:42).

듣고 잊어버리는 것

듣고 잊어버리는 것은 '거울로 자신의 생긴 얼굴을 보고 금방 까먹는 것'과 같다(23,24절). 당시의 '거울'은 선명도가 극히 떨어지는 동(bronze)으로 만든 것으로 자세히 보지 않으면 자기 얼굴이 어떻게 생겼는지 잘 알 수 없었다고 한다. 23절의 '생긴 얼굴'이란 하나님의 형상을 따라 창조되었던 우리의 형상을 떠 올리는 말이다(26,27절). 그러므로 거울을 보고 잊어버리는 것은 말씀으로 하나님의 형상인 자신의 잘못을 발견했음에도 불구하고 돌이키지 않는 것을 의미한다.

율법을 드려다 보는 것

'들여다보고 있는 자'란 실천하여 그 행하는 일에 복을 받는 자이다(25절). '자유롭게 하는 온전한 율법(25절)'은 18절에서는 '진리의 말씀'으로, 21절에서는 '마음에 심긴 말씀'으로 묘사된다. 들여다 보는 것의 구약적 개념은 언약궤 위에서 율법을 들여다보고 있는 천사와 같이 매일같이 말씀을 묵상하고 배우라는 의미로 적용할 수 있다. 이 말의 신약적 의미는 누가복음 24장, 요한복음 20장에서 예수님이 부활하신 상황에서 베드로가 빈 무덤을 들여다보았던 행동을 묘사하는 말로 다가오는 모든 상황들을 말씀으로 해석하고 파악해야 한다는 뜻으로 적용해 볼 수 있다.

말하기를 더디 하라

말하기를 더디 하는 것은 '하나님의 말씀에 대해 성급하게 말하지 말라'는 뜻이다. 더디 말하는 것은 속히 듣는 작업을 통해서만 가능한 것이다. 이 말은 말씀을 배우라는 뜻에 더 가깝다(잠10:19). 26절은 말을 더디 하는 것(혀를 재갈 물리는 것)과 경건을 연결하여 설명한다. 속으로 경건하다고 생각하면서 겉으로 말을 가려 하지 않는다면 그 사람의 경건은 '헛것(우상숭배)'이다. 내적인 실상으로 경건을 가늠하는 것은 '자기 마음을 속이는 것'이다. 내적 경건은 반드시 외적 표현, 말로 드러나야 한다.

경건의 외적 확장

경건은 두 가지 측면으로 확장되어야 한다. 첫 번째는 고아와 과부를 '돌보는 것(에피스켑토마이)'으로 확장되어야 한다(27절). 이들은 사회적 소외 계층으로 생명과 권리를 대변해 줄 아버지와 신랑이 없는 자들이다. 하나님은 성경에서 고아의 아버지로, 과부의 신랑으로 자처하셨다. '돌보다(에피스켑토마이)'라는 말은 '방문하다, 심방하다, 관여하다, 찾아내다'라는 뜻이다. 그들이 환란 중에 있을 때 우리는 실제적으로 이들을 찾고 돌보는 것으로 우리의 경건을 확증해야 한다.

두 번째는 세속에 물들지 않게 자신을 '지키는 것(테레오)'이다. '세속'이란 이 세상 가치 기준을 말하고, '물들지 않다'는 말은 '흠도 없고, 티도 없다(벧전1:19)'는 뜻이다. '지키다'는 말은 '경각심을 갖고 지속적으로 간직하다'는 뜻이다. 그러므로 이 말은 세상 가치 기준을 따르지 않고 예수님처럼 살기 위해서 경각심을 갖고 지속적으로 노력하는 것을 말한다.

|청년 자기 체크리스트|

아래의 체크리스트를 가지고 오늘 소그룹 모임에 임한 자신의 태도를 충분히 점검해 보라.

	점검 사항	5	4	3	2	1
준비 및 예습	본 과를 준비하면서 충분히 예습은 하였는가?					
	각 과의 분명한 목적은 알고 모임에 임했는가?					
	성령께서 나를 만지시도록 기도로 준비하였는가?					
	소그룹원들을 위해서 중보하였는가?					
	리더를 위해서 중보하였는가?					
	나를 변화시키실 하나님을 기대하는 마음으로 임했는가?					
참여 및 자세	적극적으로 질문과 대답에 참여했는가?					
	정직하게 자신을 보여주었는가?					
	지체들의 이야기에 사랑의 마음으로 공감적 경청을 하였는가?					
	모임 중 성령의 인도하심을 계속적으로 구했는가?					
	하나님께서 원하시는 것이 무엇인지 분명히 알았는가?					
	발견한 진리를 삶과 인격에 적용하기로 결단했는가?					
	이번주에 중보할 지체를 발견했는가?					
적용 및 결단	자신의 적용이 삶과 인격에 변화를 가져올 만큼 구체적인가?					
	배운 내용이 삶의 상황에 분명히 적용되었는가?					
	소그룹 모임에 대한 만족감이 있었는가?					
	배운 내용을 분명하게 정리했는가?					
	이번 과의 주제와 목적을 분명히 알게 되었는가?					
	삶과 인격의 변화를 위해 기도할 준비가 되어 있는가?					
평가	이번주 총점					

"그러므로 내 사랑하는 형제들아 견실하며 흔들리지 말고 항상 주의 일에 더욱 힘쓰는 자들이 되라 이는 너희 수고가 주 안에서 헛되지 않은 줄 앎이라" (고전 15:58)

- 이번주 생일 맞은 사람은?
- 이번주 소그룹 특이 사항은?
- 다음주 행사는?
- 다음주 전도할 대상은?
- 이번 달 암송 구절과 필독서는?

4과
심판을 이기는 긍휼

야고보서 2장1-13절

시험에 통과하기 위해서는 많은 것이 충족되어야 한다.
열심히 준비도 해야 하고, 시험 치는 과목의 정보도 알아야 한다.
하지만 특별히 출제자의 출제 경향을 알아야 한다.
출제자의 의도를 정확히 파악해야 문제를 맞출 수 있기 때문이다.
인생은 언젠가는 시험을 받아야 한다.
가장 최종적인 시험은 종말에 있을 심판이 아닐까?
우리는 이 심판이라는 시험을 어떻게 통과할 수 있을까?
사람들은 이 심판 시험이 워낙 까다롭다고 들어서
꼭 통과하기 위해 그 시기와 장소, 징조 등에 관심을 많이 갖는다.
하지만 심판 시험 역시 출제자의 출제 의도를 잘 파악해야 한다.
성경은 우리가 어떻게 할 때 심판을 이길 수 있다고 말하는가?
그 핵심적 조건으로서의 긍휼이란 무엇일까?
야고보가 이야기하는 긍휼의 이야기 속으로 들어가 보자.

말씀 암송 | 에베소서 4장 2절

모든 겸손과 온유로 하고 오래 참음으로 사랑 가운데서 서로 용납하고

|다가서기|

1. 다음 질문에 ○,X로 답해 보고 가장 많이 맞춘 사람에게 어떻게 잘 맞출 수 있었는지 소감을 들어보는 시간을 가지라.

① 광견병은 개만 걸린다. (　　)

② 현재 사용되고 있는 우표 중 가장 싼 것은 10원, 가장 비싼 것은 5,000원 짜리다. (　　)

③ 500원 짜리 동전 한 개는 100원 짜리와 10원 짜리 동전 한 개를 합친 것보다 무겁다. (　　)

④ 원숭이도 지문이 있다. (　　)

⑤ 구기 종목 중 가장 작은 공을 사용하는 종목은 골프다. (　　)

⑥ 태평양은 6대주를 합한 면적보다 넓다. (　　)

⑦ 사슴은 쓸개가 없다. (　　)

⑧ 하마는 육식 동물이다. (　　)

⑨ 물고기는 혀가 있다. (　　)

인도자 가이드 |

정답 : ×(고양이도 걸린다), ○, ×, ○, ×(탁구 공이 가장 작다.), ○, ○, ×(초식 동물이다), ×

잘 맞추는 사람은 이유가 있다. 평소에 상식에 관심이 많다든지, 아니면 넌센스 문제를 좋아한다든지 하는 이유가 있다. 문제의 답은 사전에 알아야 맞춘다. 심판을 대비하는 자세도 비슷하다.

2. 성경이 말하는 심판은 어떤 것이라고 생각하는가? 그 심판에 대해서 자신이 알고 있는 내용을 나누어 보라.

인도자 가이드 |

성경이 말하는 심판의 무서움을 나누면 족하다. 결코 그 누구도 하늘의 준엄한 심판을 피할 수 없다는 정도의 의견이 모아지면 되고, 과를 공부해 가면서 결국 심판을 이기는 긍휼에 대해 알아갈 것이다.

|깊이보기|

야고보서 2장은 본격적으로 '믿음이 무엇으로 온전해 지는가?'를 설명한다. 1장26절에서는 '내적 인식을 경건으로 여기는 것은 우상숭배(헛것)'라고 했고, 2장26절에서는 '행함이 없는 믿음은 죽은 것'이라고 하면서, 22절에서 결정적으로 '행함으로 믿음이 온전하게 된다'고 말한다. 믿음을 믿음 되게 하는 행함을 2장에서는 '외모만 보고 차별하면 안된다(차별금지)'라는 말로 묘사한다. 그러면서 야고보는 2~4절에서 교회 안에서 사람을 차별했던 한 실례를 든다.

3. 1절의 믿음이 있는 자는 차별하지 말아야 한다는 교훈을 위해 2~4절에서 야고보가 예를 들고 있는 이야기를 자신의 말로 설명해 보라(2~4절).

말씀 살피기 |
만일 너희 회당에 금 가락지를 끼고 아름다운 옷을 입은 사람이 들어오고 또 남루한 옷을 입은 가난한 사람이 들어올 때에, 너희가 아름다운 옷을 입은 자를 눈여겨 보고 말하되 여기 좋은 자리에 앉으소서 하고 또 가난한 자에게 말하되 너는 거기 서 있든지 내 발등상 아래에 앉으라 하면, 너희끼리 서로 차별하며 악한 생각으로 판단하는 자가 되는 것이 아니냐(약 2:2-4).

인도자 가이드 |
어느 날 교회에 금가락지를 낀 부자와 남루한 옷을 입은 가난한 사람이 찾아왔다. 그런데 교회 성도들이 부자는 '여기에 앉으소서'라고 존대하면서 받아들였지만, 가난한 사람은 '거기 서 있든지 내 발등상 아래 앉으라'고 말하며 '네가 네 주제를 알 때만 너는 공동체에 받아들여질 수 있다'는 메시지를 보내 차별한 것이다.

4. 우리끼리 서로 차별하는 것을 성경은 무엇이라고 정의하는가?(4절)

말씀 살피기 |
너희끼리 서로 차별하며 악한 생각으로 판단하는 자가 되는 것이 아니냐(약 2:4)

인도자 가이드 |
악한 생각으로 판단하는 자가 되는 것이라고 말한다. 차별은 악한 것이라고 말한다

5. 차별이 악한 이유는 무엇인가? 5,6절을 읽고 답해 보라(5,6절).

말씀 살피기 |

내 사랑하는 형제들아 들을지어다 하나님이 세상에서 가난한 자를 택하사 믿음에 부요하게 하시고 또 자기를 사랑하는 자들에게 약속하신 나라를 상속으로 받게 하지 아니하셨느냐, 너희는 도리어 가난한 자를 업신여겼도다 부자는 너희를 억압하며 법정으로 끌고 가지 아니하느냐(약 2:5,6)

인도자 가이드 |

차별이 악한 이유는 하나님은 우리의 소유에 상관없이 차별하지 않으시고 사랑하시고 하나님 나라를 상속하시려고 믿음을 주셨는데, 우리는 받은 그 믿음으로 소유에 따라 차별하기 때문이다.

6. 성경에 기록된 '최고의 법(왕의 법)'은 무엇인가?(8절) 만약 이것이 법이라면 사랑하지 않고 차별하는 것은 무엇이 되는가?(9절)

말씀 살피기 |

너희가 만일 성경에 기록된 대로 네 이웃 사랑하기를 네 몸과 같이 하라 하신 최고의 법을 지키면 잘하는 것이거니와 만일 너희가 사람을 차별하여 대하면 죄를 짓는 것이니 율법이 너희를 범법자로 정죄하리라(약 2:8,9)

인도자 가이드 |

최고(바실리코스)의 법은 바로 이웃을 내 몸과 같이 사랑하는 것이다. 이것이 법이라면 이웃을 사랑하지 않고 차별하는 것은 범법 행위가 되는 것이다.

7. 당신은 사랑이 준법정신이라는 사실에 대해 어떻게 생각하는가? 사랑이 준법정신이라는 사실이 당신에게 시사하는 바는 무엇인가?

인도자 가이드 |

사랑은 해도 되고 안해도 되는 것이 아니다. 윤리적 덕목도 아니고, 성숙하면 하게 되는 것도 아니다. 사랑은 구원 받은 자는 누구든지 해야 하는 최고의 법이다.

8. 결국 우리가 사랑해야 하는 이유를 야고보는 두 가지 측면에서 설명한다. 그 첫 번째 측면은 어떻게 설명하고 있는가?(12절의 '자유의 율법'은 8절의 최고의 법을 의미한다)

말씀 살피기 |

너희는 자유의 율법대로 심판 받을 자처럼 말도 하고 행하기도 하라(약 2:12)

인도자 가이드 |

자유의 율법, 즉 사랑의 법으로 심판을 받을 것이기 때문에 우리는 사랑해야 한다. 우리는 사랑의 법에 따라 심판을 받을 것이기 때문에 사랑의 법에 따라 살아야 한다는 논지를 전하고 있다.

9. 두 번째 사랑해야 하는 이유는 무엇인가? 그 사랑을 무엇으로 설명하는가?(13절)

말씀 살피기 |

긍휼을 행하지 아니하는 자에게는 긍휼 없는 심판이 있으리라 긍휼은 심판을 이기고 자랑하느니라(약 2:13)

인도자 가이드 |

이 사랑을 긍휼로 설명하는데, 우리가 긍휼을 베풀지 않으면 긍휼이 없는 심판을 받기 때문이다. 이 긍휼은 우리 속에 있는 긍휼이 아니라 하나님의 긍휼을 흉내 내는 개념이다.

10. 야고보가 말하는 긍휼(엘레오스)는 구약 히브리어의 헤세드를 헬라어로 차용한 단어이다. 그렇다면 우리가 베풀어야 하는 긍휼은 어떤 종류의 것이어야 하는지 다음의 글을 읽고 답해 보라.

헤세드는 하나님께서 하나님의 백성들을 대하시는 방식으로 그럴만한 이유가 없는데도 사랑과 긍휼로 값없이 대하는 것을 말한다. 헤세드를 주제로 하는 룻기는 이 하나님의 헤세드를 서로가 실천할 때 서로가 채움을 받고, 급기야 하나님의 최고의 헤세드인 예수 그리스도가 드러난다는 교훈을 전한다. 구약적 개념의 헤세드, 곧 하나님의 긍휼은 하나님의 백성들이 실천하는 긍휼을 통해 드러나는 개념이다. 결국 야고보가 말하는 긍휼의 이야기는 바로 이 헤세드의 실천을 말한다.

인도자 가이드 |

야고보가 말하는 긍휼은 인간 속에 있는 윤리적 덕목으로서의 인간 본성을 말하는 것이 아니라 하나님께로부터 받은 헤세드, 긍휼이다. 따라서 형제를 차별하지 말고, 긍휼을 베풀어야 한다는 말은 하나님의 긍휼과 사랑을 흉내 내며 살아야 한다는 말이다.

11. 당신의 이웃 사랑을 점검해 보라. 하나님이 당신에게 베풀어 주신 사랑과 긍휼로 이웃을 사랑하고 섬기는가? 그렇지 못하다면 그 이유는 무엇인가?

인도자 가이드 |

우리가 사랑과 긍휼을 베풀면 하나님께서 심판 때에 사랑과 긍휼을 베풀어 주시는 것이 아니다. 우리가 베풀어야 하는 사랑과 긍휼은 하나님께서 우리에게 주신 사랑과 긍휼이다. 흉내 내는 것이다. 이것이 하나님의 최고의 법이다. 우리는 이 사랑의 법대로 살아야 한다.

|다짐하기|

12. 하나님의 사랑으로 우리는 심판을 이기게 되었다. 그 하나님이 우리를 사랑하신 대로 이웃을 사랑하기 위한 방법 세 가지를 결단하여 그룹원들에게 나누라.

첫째	하나님을 알지 못하는 이들에게 하나님의 사랑과 구원을 이야기해 준다.
둘째	하나님이 나를 배려해 주셨듯이 못마땅한 친구라도 이해하려고 노력한다.
셋째	죄인된 나를 사랑하셨듯 나도 나의 원수를 사랑하려고 기도한다.

차별은 악함이다!

차별(프로소폴렙시아)은 '외모(얼굴)'라는 말과 '취하다'는 말의 합성어다. 차별의 주된 방식이 '외모를 보고 판단하는 것'이다. 믿음을 가진 자가 해서는 안되는 일이다. 이 차별은 '악한 생각'이다(4절). 차별이 악한 이유는 하나님은 우리를 차별하지 않으시고 믿음을 주셨는데, 우리는 받은 믿음으로 형제를 차별하기 때문이다. 하나님은 가난한 자들을 택하여 믿음에 부요하게 하시고 하나님 나라를 상속하셨다(5~7절). 이 말은 우리가 남루함에도 불구하고 차별치 않고 받아 주셨다는 말이다. 그 차별 없는 사랑 때문에 현재 우리가 믿음에 부요해졌고, 장차 하나님 나라를 상속하게 되었다는 말이다. 5절에서 말하는 '하나님을 사랑하는 자'란 차별 없는 사랑을 받은 이들의 주된 삶의 방식이 사랑이라는 말이다.

최고의 법을 범하는 것

이웃 사랑이 '최고의 법'이다(8절). '최고(바실리코스)의 법'은 '왕의 법'이란 뜻으로, 기록된 왕의 최고의 법은 '네 이웃 사랑하기를 네 자신과 같이 사랑하라'한 법이다(레19:18). 그러니까 '차별'은 이 왕의 법, 최고의 법, 사랑의 법을 범하는 범법 행위다(9절). 왕이신 예수가 남루한 우리들을 자기 몸처럼 사랑하신 최고의 법을 범하는 것이 차별하는 것이다.

차별은 간음죄나 살인죄와 다를 것이 없다(11,12절). 그 이유는 율법은 각 계명이 독립적이지 않고 하나로 엮여져 있기 때문이다. 율법의 목적은 율법 준수가 아니라 하나님과의 관계에 있기 때문에 자기 생각에 작아 보이는 율법 하나를 무시하는 사람은 입법자 자체를 무시하는 것이다. 그러므로 외모로 사람을 차별하는 것이 간음이나 살인과 같이 하나님을 무시하는 범법 행위인 것이다.

자유의 율법대로 행하라

12절의 '자유의 율법'이 바로 '최고의 법', '왕의 법', '이웃 사랑의 법'이다. 우리가 이 법대로 행해야 하는 이유는 두 가지다. 첫 번째 이유는 우리가 '사랑의 법'으로 결국은 심판을 받을 것이기 때문이다(12절). 12절에 '받을(멜로)'이라는 말은 '받을 수밖에 없는'이라는 뜻이다. 사랑은 준법정신이다. 두 번째 이유는 긍휼을 행하지 않으면 긍휼이 없는 심판을 받을 것이기 때문이다(13절). 차별의 반대말이 긍휼이다. 이 말은 내가 한 대로 하나님께서 똑같이 하겠다는 말이 아니다. 우리의 긍휼은 심판 받아 마땅하지만 하나님의 긍휼이 그 심판을 이긴다(13절 하반절). 심판을 이기신 하나님의 긍휼이 우리의 긍휼보다 먼저다. 하나님께서 우리를 먼저 차별치 않으시고 긍휼히 여기셨기 때문에 우리는 심판을 이기는 것이다.

긍휼이 헤세드다

우리가 가진 믿음이 진짜라면 우리의 삶의 주된 방식은 반드시 긍휼, 이웃 사랑이어야 한다. 이 '긍휼(엘레오스)'의 히브리어는 '헤세드'다. 헤세드는 하나님께서 하나님의 백성들을 대하시는 방식으로, 하나님의 백성들에 의해서 동일하게 드러나야 하는 개념이다(참조, 룻기). 믿는 자는 믿음을 부여하신 자의 성품을 드러내야 한다. 그것이 바로 헤세드고, 긍휼이고, 이웃 사랑인 것이다. 우리가 심판을 이기고 자랑하는 길은 오직 받은 긍휼을 베풀고 이웃을 사랑하는 것뿐이다.

|청년 자기 체크리스트|

아래의 체크리스트를 가지고 오늘 소그룹 모임에 임한 자신의 태도를 충분히 점검해 보라.

	점검 사항	5	4	3	2	1
준비 및 예습	본 과를 준비하면서 충분히 예습은 하였는가?					
	각 과의 분명한 목적은 알고 모임에 임했는가?					
	성령께서 나를 만지시도록 기도로 준비하였는가?					
	소그룹원들을 위해서 중보하였는가?					
	리더를 위해서 중보하였는가?					
	나를 변화시키실 하나님을 기대하는 마음으로 임했는가?					
참여 및 자세	적극적으로 질문과 대답에 참여했는가?					
	정직하게 자신을 보여주었는가?					
	지체들의 이야기에 사랑의 마음으로 공감적 경청을 하였는가?					
	모임 중 성령의 인도하심을 계속적으로 구했는가?					
	하나님께서 원하시는 것이 무엇인지 분명히 알았는가?					
	발견한 진리를 삶과 인격에 적용하기로 결단했는가?					
	이번주에 중보할 지체를 발견했는가?					
적용 및 결단	자신의 적용이 삶과 인격에 변화를 가져올 만큼 구체적인가?					
	배운 내용이 삶의 상황에 분명히 적용되었는가?					
	소그룹 모임에 대한 만족감이 있었는가?					
	배운 내용을 분명하게 정리했는가?					
	이번 과의 주제와 목적을 분명히 알게 되었는가?					
	삶과 인격의 변화를 위해 기도할 준비가 되어 있는가?					
평가	이번주 총점					

"그러므로 내 사랑하는 형제들아 견실하며 흔들리지 말고 항상 주의 일에 더욱 힘쓰는 자들이 되라 이는 너희 수고가 주 안에서 헛되지 않은 줄 앎이라" (고전 15:58)

- 이번주 생일 맞은 사람은?
- 이번주 소그룹 특이 사항은?
- 다음주 행사는?
- 다음주 전도할 대상은?
- 이번 달 암송 구절과 필독서는?

5과
믿음과 행함

야고보서 2장14-26절

우리는 믿음으로 구원을 받는다.
바울의 이신칭의(以信稱義)의 대전제는
성경 66권이 선언하는 대명제다.
우리의 행위가 아닌 전적인 믿음으로만 구원을 얻는다.
하지만 야고보는 행함이 없는 믿음은 죽은 것이라고 말한다.
행하지 않는 믿음은 구원받지 못한다는 것처럼 들린다.
우리의 행위를 볼 때 우리는 구원 받지 못할 것 같다.
바울과 야고보는 왜 충돌되는 진리를 말하고 있는 것일까?
하지만 이 둘은 같은 말이다.
바울이 말하는 믿음과 야고보가 말한 믿음은 같은 것이다.
바울이 말한 믿음은 구원 받는 믿음을 말한 것이고
야고보가 말하는 믿은 구원 받은 믿음을 말하는 것이다.
즉 구원받을 만한 믿음은 반드시 행위로 드러난다는 것이다.
하지만 행위 그 자체만으로는 구원을 확증할 수 없다.
그렇다면 야고보가 말하는 이 행함이란 어떤 것일까?

말씀 암송 | 에베소서 4장 2절

모든 겸손과 온유로 하고 오래 참음으로 사랑 가운데서 서로 용납하고

|다가서기|

1. 당신의 행함 중에 자랑할 만한 것이 있다면 나누어 보라. 그렇게 생각하는 이유는 무엇인가?

"나는 사실 __________을 위하여 _____________하고 있습니다."

인도자 가이드 |

각자의 마음이 행위를 자랑하는 시간을 가지라. 이웃 사랑은 마음이 아니라 실천에 있음을 기억하면서 칭찬할 만한 것은 마음이 아니라 행위임을 생각해 보고, 구원 받은 자의 행함에 대해서 생각하는 계기로 삼으라.

2. 이신칭의(以信稱義)에 대해서 각자가 알고 있는 것을 이야기해 보라.

이신칭의

以信稱義

Justification by Faith

인도자 가이드 |

이신칭의(以信稱義, iustificatio fide)는 '하나님이 그리스도의 의(義)를 죄인에게 전가(轉嫁)하심으로 성도를 믿음으로 의롭다 칭하심이며(기독교강요 제3권 11장 2항), 칭의 된 성도는 전가된 그리스도의 의(義)에 '옷 입혀져' 그 분과 교제하는 자리에 서게 된다(기독교강요 제3권 17장 8항)'는 개념이다. 야고보가 말하는 행위에 대해서 나누기 전에 이신칭의에 대해 확실히 해 두는 것이 필요하다.

|깊이보기|

본문은 야고보서에서 가장 유명한 부분 중 하나로, '디아트리베(diatribe)' 형식으로 쓰여졌다. 디아트리베는 헬라식 강화의 대표적인 형태로 가상의 대화나 질문, 수사학적 역설을 통해 한 주제를 변론하고 강조하는 형식이다. 그래서 본문에서도 질문이 네 번이나 등장한다(14,20,25절). 본문이 디아트레베 형식이라는 말은 저자가 일종의 잘못된 인식에 강하게 반론을 제기하고 바른 교훈을 전달하고자 한다는 의미다. 그 잘못된 인식이란 '믿음만 있으면 구원 받는다'는 인식이다(14절). 야고보는 '행함이 없는 믿음은 절대 구원받지 못한다'는 이 사실을 세 가지 명제를 통해 점층적으로 변증하고 있다.

3. 야고보는 행함이 없는 믿음은 어떤 것이라고 말하고 있는가?(14절)

말씀 살피기 |

내 형제들아 만일 사람이 믿음이 있노라 하고 행함이 없으면 무슨 유익이 있으리요 그 믿음이 능히 자기를 구원하겠느냐(약 2:14)

인도자 가이드 |

행함이 없는 믿음은 아무 유익이 없으며 그런 믿음은 능히 구원할 수 없다고 말한다.

4. 행함이 없는 믿음이 무익하다는 사실을 어떻게 예를 들어 설명하고 있는지 자신의 말로 설명해 보라(15~17절).

말씀 살피기 |

만일 형제나 자매가 헐벗고 일용할 양식이 없는데, 너희 중에 누구든지 그에게 이르되 평안히 가라, 덥게 하라, 배부르게 하라 하며 그 몸에 쓸 것을 주지 아니하면 무슨 유익이 있으리요, 이와 같이 행함이 없는 믿음은 그 자체가 죽은 것이라(약 2:15-17)

인도자 가이드 |

헐벗고 먹을 것이 없는 형제에게 말로만 '평안히 가라, 덥게 하라, 배부르게 하라'는 말은 아무 의미가 없는 것처럼, 행함이 없는 믿음도 같은 개념으로 아무 의미가 없다는 말이다.

5. 야고보는 믿음을 증명하는 법을 어떻게 설명하고 있는가?(18절) 이것을 설명하기 위한 두 번째 예의 의미는 무엇이라고 생각하는가?(19절)

말씀 살피기 |

어떤 사람은 말하기를 너는 믿음이 있고 나는 행함이 있으니 행함이 없는 네 믿음을 내게 보이라 나는 행함으로 내 믿음을 네게 보이리라 하리라 네가 하나님은 한 분이신 줄을 믿느냐 잘하는도다 귀신들도 믿고 떠느니라(약 2:18,19)

인도자 가이드 |

야고보가 말하는 믿음을 증명하는 법은 '행함'이다. 이를 설명하기 위해 귀신들이 가진 믿음을 예로 든다. 귀신들도 하나님이 한 분이신 줄을 믿으며,

그 믿음이 '떠는 행위'로 나타나는데 하물려 믿음의 사람이 가진 참 믿음이 어떻게 행함으로 드러나지 않겠는가를 말하는 것이다.

6. 당신은 믿음이 있는가? 믿음을 증명하는 것은 행위라는 점을 감안할 때 당신의 믿음은 어떻게 증명될 수 있는가?

인도자 가이드 |

구원받을 만한 믿음이 얼마나 진실한가를 하소연하는 것은 별 의미가 없다. 내가 어떤 행동을 하고 있는가로 믿음을 증명하면 된다. 하지만 명심할 것은 행함이 없기 때문에 구원 받지 못한다고 단정 지을 수는 없다. 구원은 믿음으로만 얻는 것이고, 구원 얻을 만한 믿음은 행위로 드러난다는 차원임을 다시 한 번 주지시키라.

7. 행함이 없는 믿음이 헛것인 것을 증명하기 위해서 야고보는 두 사람을 예를 들고 있다. 첫 번째 사람은 누구이며, 그의 믿음은 어떻게 증명되었는가?(20~25절)

말씀 살피기 |

아아 허탄한 사람아 행함이 없는 믿음이 헛것인 줄을 알고자 하느냐, 우리 조상 아브라함이 그 아들 이삭을 제단에 바칠 때에 행함으로 의롭다 하심을 받은 것이 아니냐, 네가 보거니와 믿음이 그의 행함과 함께 일하고 행함으로 믿음이 온전하게 되었느니라, 이에 성경에 이른 바 아브라함이 하나님을 믿으니 이것을 의로 여기셨다는 말씀이 이루어졌고 그는 하나님의 벗이라 칭함을 받았나니, 이로 보건대 사람이 행함으로 의롭다 하심을 받고 믿음으로만은 아니니라 (약 2:20-24)

인도자 가이드 |

'헛것(아르고스)'는 종말적 개념으로 심판받을 때 아무 쓸모가 없다는 의미다. 이를 설명하기 위해 아브라함을 예로 든다. 아브라함이 창세기 15장에서 '믿음으로 의롭다 함'을 받았는데, 그 믿음이 창세기 22장에서 아들 이삭을 하나님께 드림으로 증명이 된 것이다.

8. 행함이 없는 믿음은 심판의 때에 아무 쓸모가 없다는 사실의 두 번째 예는 누구의 어떤 모습으로 들고 있는가?(25절)

말씀 살피기 |
또 이와 같이 기생 라합이 사자들을 접대하여 다른 길로 나가게 할 때에 행함으로 의롭다 하심을 받은 것이 아니냐(약 2:25)

인도자 가이드 |
두 번째 예는 기생 라합의 예를 들었다. 그는 여호와를 믿는 믿음을 정탐하던 사자들을 영접하여 다른 길로 가게 한 행함으로 증명하였다. 역시 행함으로 믿음을 증명한 것이다.

9. 야고보가 행함이 없는 믿음은 심판 때에 아무 쓸모가 없다는 사실을 왜 하필이면 이 두 사람을 통해 들고 있을까? 두 사람의 정체성이 주는 교훈을 생각해 보고 나누어 보라.

인도자 가이드 |
아브라함은 이스라엘 중의 이스라엘이지만, 라합은 이방인이요 윤리적으로도 심판을 피할 수 없는 기생, 창녀였다. 하지만 그들이 둘 다 믿음으로 구원을 받았고, 그 구원받을 만한 믿음이 행위로 증명이 되었다. 신분과 상황과 상관없이 우리 모두는 믿음으로 구원받을 수 있고, 그 믿음은 행위로 증명된다는 사실에는 차이가 없다.

10. 결론적으로 내리는 '행함이 없는 믿음은 죽은 것'이라는 말의 의미는 무엇이라고 생각하는가?(26절) 2장 13절과 비교해 볼 때 이 행함은 무엇이라고 할 수 있는가?

말씀 살피기 |
영혼 없는 몸이 죽은 것 같이 행함이 없는 믿음은 죽은 것이니라(약 2:26)

긍휼을 행하지 아니하는 자에게는 긍휼 없는 심판이 있으리라 긍휼은 심판을

이기고 자랑하느니라(약 2:13)

인도자 가이드 |

'행함이 없는 믿음이 죽었다'는 말은 행함이 없는 믿음은 결코 심판을 이길 수 없다는 말이다. 심판을 이길 수 있는 믿음이란 행함이 있는 믿음이다. 이 행함을 야고보서 2장 13절에서는 '긍휼'이라고 말한다.

11. 야고보가 말하는 믿음과 행위, 바울이 말하는 믿음과 행위는 결코 상반되는 것이 아니다. 이 둘의 관계를 정리해 보라.

인도자 가이드 |

야고보가 말하는 믿음과 행위는 구원 얻을 자에게 반드시 나타나는 행위를 말한다. 하지만 바울이 말하는 믿음과 행위는 구원을 얻기 위해서 필요한 믿음을 말한다. 구원 얻기 위해서는 행위가 단 1%도 필요치 않다. 전적인 예수의 은혜로 구원받는 것이기 때문이다. 하지만 구원받은 자는 100% 그 믿음이 행위로 증명된다. 바울은 이것을 '믿음의 역사(에르곤)'라고 묘사했고, 야고보는 이것을 '행위(에르곤)'라고 묘사했을 뿐이다.

|다짐하기|

12. 당신의 믿음은 구원받을 만한 믿음인가? 구원받을 믿음은 행위로 증명된다는 사실을 기억하고 어떻게 생활 속에서 행위로 그 믿음을 증명할지 나누어 보자.

인도자 가이드 |

구체적이고, 실천 가능한 행동의 결단을 나누도록 하고, 리더는 다음 주에 점검하여 시상하는 이벤트를 가져도 좋을 것이다.

첫 번째 명제, 행함이 없는 믿음이 유익한가?(14~17절)

야고보는 '믿음이 있지만 행함이 없으면 무익하다'고 말하지 않고 '믿음이 있노라 하고(말하고) 행함이 없으면 무익하다'고 말한다(14절). 믿음이 있다고 여기면서 행함이 없다면 아무 유익이 없다는 것이다. 그 예로 당시 초대교회 안에서 헐벗고 먹지 못하는 형제에게 말만 '평안히 가라, 배부르게 하라'고 하는 것이 쓸모없다는 사실을 든다. 마찬가지로 믿음도 그렇다고 주장한다. 여기서 '평안히 가라(샬롬)'는 인사는 '하나님께서 돌보실테니까 평안히 가라'는 전제가 깔려 있는 훌륭한 믿음이다. 하지만 행함이 없으면 '그 믿음 자체로(그 믿음만으로)'는 죽은 믿음이다. 하나님께서 원하시는 믿음은 형제를 적극적으로 돌보는 행위를 포함한다(사58:6,7).

두 번째 명제, 어떻게 믿음을 증명할 것인가?(18,19절)

믿음을 증명하는 방법은 '행함'이다(18절). 행함이 아닌 다른 것으로는 믿음을 증명할 수 없다. 야고보는 이 사실을 변증하기 위해 두 번째 예인 귀신들의 믿음을 든다(19절). 귀신들은 하나님이 한 분이시라는 사실을 믿는다. '이 믿음을 가진 귀신들도 믿는 것으로 끝나지 않고 떠는 행동을 수반하는데, 하물며 유일신 하나님을 믿음으로 구원받은 백성이 어떻게 그 믿음이 행동으로 드러나지 않겠는가?'라고 말하는 것이다. 믿음은 반드시 행동으로 증명이 된다는 말이다.

세 번째 명제, 어떤 믿음이 심판을 이기는가?(20~25절)

'헛것'은 '텅 빈 것(아르고스)'을 말한다. 이 말은 심판과 관련된 개념으로, 마태복음 12장 36절에서는 '무익한'이라고 번역된다. 즉 '행함이 없는 믿음' 헛것이며 이런 텅 빈 믿음은 결코 심판을 이길 수 없다'는 뜻이다. 야고보는 세 번째 예로 심판을 이긴 성경 인물 둘을 제시한다.

첫 번째 인물은 아브라함이다. 창세기 22장에서 아브라함이 아들 이삭을 제물로 바친 행동 때문에 의롭다 함을 받았다고 말한다. 창세기 15장에서 '아들이 없지만 하나님께서 주실 것을 믿었던 그 믿음'이 22장에 가서 아들 이삭을 하나님께 바치는 행동을 통해 증명되었다는 말이다(창22:14). 즉 아브라함은 행함으로 믿음을 온전케 하여 심판을 이겼다는 말이다(23절).

두 번째 인물은 여리고의 기생 라합이다. 히브리서 11장 31절에 보면, "믿음으로 기생 라합은 정탐꾼을 평안히 영접하였으므로 순종하지 아니하는 자와 함께 멸망하지 아니하였도다"라고 말한다. 라합 역시 그녀에게 있었던 믿음을 근거로 정탐꾼을 영접하고 살려주는 행함을 통해서 심판을 이겼다.

이들은 혈통적으로 완전히 다른 사람들이지만 둘의 믿음은 동일하게 행함으로 온전하여졌고, 그로 인해 심판을 이기게 되었다.

믿음과 행위의 관계

'행함이 없는 믿음은 죽은 것'이라는 말은 행함이 없는 믿음은 결코 심판을 이길 수 없다는 뜻이다. 야고보는 이 행함을 심판을 이기는 이 행함(에르곤), 즉 긍휼(헤세드)이라고 말한다(약2:13). 바울은 '구원 받기 위한 믿음(행함이 단 1%도 들어가지 않은 믿음)'에 대해서 말한 것이고, 야고보는 '구원 받은 믿음(구원받았다면 100% 행함으로 드러나야 하는 믿음)'에 대해서 말한 것이다. 바울은 야고보가 말한 '행함(에르곤)으로 드러나는 믿음'을 '사랑으로써 역사(에르곤)하는 믿음'으로 표현했을 뿐이다(갈5:6). 충돌이 아니다. 그래서 17절에 이어 26절에서 "영혼 없는 몸이 죽은 것 같이 행함이 없는 믿음은 죽은 것이니라"라고 다시 한 번 결론짓는다.

|청년 자기 체크리스트|

아래의 체크리스트를 가지고 오늘 소그룹 모임에 임한 자신의 태도를 충분히 점검해 보라.

	점검 사항	5	4	3	2	1
준비 및 예습	본 과를 준비하면서 충분히 예습은 하였는가?					
	각 과의 분명한 목적은 알고 모임에 임했는가?					
	성령께서 나를 만지시도록 기도로 준비하였는가?					
	소그룹원들을 위해서 중보하였는가?					
	리더를 위해서 중보하였는가?					
	나를 변화시키실 하나님을 기대하는 마음으로 임했는가?					
참여 및 자세	적극적으로 질문과 대답에 참여했는가?					
	정직하게 자신을 보여주었는가?					
	지체들의 이야기에 사랑의 마음으로 공감적 경청을 하였는가?					
	모임 중 성령의 인도하심을 계속적으로 구했는가?					
	하나님께서 원하시는 것이 무엇인지 분명히 알았는가?					
	발견한 진리를 삶과 인격에 적용하기로 결단했는가?					
	이번주에 중보할 지체를 발견했는가?					
적용 및 결단	자신의 적용이 삶과 인격에 변화를 가져올 만큼 구체적인가?					
	배운 내용이 삶의 상황에 분명히 적용되었는가?					
	소그룹 모임에 대한 만족감이 있었는가?					
	배운 내용을 분명하게 정리했는가?					
	이번 과의 주제와 목적을 분명히 알게 되었는가?					
	삶과 인격의 변화를 위해 기도할 준비가 되어 있는가?					
평가	이번주 총점					

"그러므로 내 사랑하는 형제들아 견실하며 흔들리지 말고 항상 주의 일에 더욱 힘쓰는 자들이 되라 이는 너희 수고가 주 안에서 헛되지 않은 줄 앎이라" (고전 15:58)

- 이번주 생일 맞은 사람은?
- 이번주 소그룹 특이 사항은?
- 다음주 행사는?
- 다음주 전도할 대상은?
- 이번 달 암송 구절과 필독서는?

6과
혀를 길들일 생각은 말라

야고보서 3장1-12절

모든 생물들은 의사소통을 한다.
물론 자기들끼리만 통하는 것이다.
단순한 단계에서부터 그보다 더 복잡한 단계도 있다.
사랑을 표현하고 적대감을 표현하는 정도는
모든 종이 할 수 있는 의사소통이다.
하지만 섬세한 감정까지 소통하는 고등한 정도의 대화는
오직 인간밖에 할 수가 없다.
동물이 사용하는 언어와 인간이 사용하는 언어는 다르다.
인간의 언어에는 힘이 있다.
그래서 말 한 마디로 천 냥 빚을 갚기도 하고
말 한 마디로 사람을 죽이기도 한다.
사람은 하나님의 형상을 닮아 창조되었다.
그래서 하나님의 말씀의 능력처럼 인간의 말에도 힘이 있다.
하지만 원죄는 인간의 말을 죄성으로 물들게 했다.
이런 형편의 말에 대해 야고보는 뭐라고 말하고 있을까?

말씀 암송 | 에베소서 4장 2절

모든 겸손과 온유로 하고 오래 참음으로 사랑 가운데서 서로 용납하고

|다가서기|

1. 둘씩 짝을 지어 서로의 마음을 기쁘게 하는 말을 해 보라. 상대편의 말에 몇 점을 줄 수 있는지, 그 이유는 무엇인지 그룹원들에게 나누어 보라.

인도자 가이드 |

사람을 기쁘게 하는 데는 돈이 드는 것이 아니다. 말 한 마디로도 상대방의 마음을 즐겁게 할 수 있다. 이런 게임을 통해 말의 위력에 대해 생각하는 시간을 갖도록 도우라.

2. 지금까지 배웠고, 들었고, 알고 있는 말의 권세에 대한 이야기를 모조리 나누어 보고, 그 의미가 무엇인지 각자의 생각을 말해 보자.

말 말
말 말 말
말 말 말

인도자 가이드 |

꼭 성경이 아니더라도 세상의 가르침이나 교훈들을 보면, 말에는 힘이 있고, 권세가 있음을 알 수 있다. 그런 세상의 지혜들을 살피면서 말에 대한 성경의 가르침으로 자연스럽게 인도하라.

|깊이보기|

야고보서 1장,2장은 '행함으로 입증되어야 하는 믿음'에 대해서 말했다. 그 행함이란 하나님의 긍휼(헤세드)를 실천하는 것이다. 본문은 긍휼의 실천 중 첫 번째 행함인 '혀의 올바른 사용'에 대해서 말하고 있다. 야고보 사도는 먼저 혀의 부정적 이미지를 크게 네 파트로 나눠서 예를 들어 설명하고 강조한다. 그것을 근거로 혀의 사용에 대한 교훈을 준다.

3. 야고보는 행함이 없는 믿음은 죽은 믿음임을 증명하기 위해 첫 번째로 혀의 올바른 사용에 대해서 말한다. 총 네 가지의 범주로 설명하는데, 그 첫 번째 범주는 어떤 것이며, 그 의미는 무엇이라고 생각하는가?(1,2절)

말씀 살피기 |

내 형제들아 너희는 선생된 우리가 더 큰 심판을 받을 줄 알고 선생이 많이 되지 말라. 우리가 다 실수가 많으니 만일 말에 실수가 없는 자라면 곧 온전한 사람이라 능히 온 몸도 굴레 씌우리라(약 3:1,2)

인도자 가이드 |

첫 번째 범주는 '말의 심판'에 관한 것이다. 말을 더 많이 하게 되는 선생이 되지 말라는 것이다. 왜냐하면 말에 실수가 없는 사람은 없고, 결국 그 말 때문에 심판을 받기 때문이다.

4. 말에 실수가 없는 사람을 어떤 사람이라고 정의하고 있는가?(2절) **야고보서에서 그 사람을 지칭하는 면모를 볼 때 이 말**

의 의미는 무엇이라고 생각하는가?(약1:4,25)

말씀 살피기 |
인내를 온전히 이루라 이는 너희로 온전하고 구비하여 조금도 부족함이 없게 하려 함이라(약 1:4)

자유롭게 하는 온전한 율법을 들여다보고 있는 자는 듣고 잊어버리는 자가 아니요 실천하는 자니 이 사람은 그 행하는 일에 복을 받으리라(약 1:25)

인도자 가이드 |
말에 실수가 없는 사람을 온전한 사람이라고 말한다. 야고보서가 설명하는 온전한 사람은 결국 내세에 만들어질 우리의 신앙의 모습에 가깝다. 그러므로 '죄 없는 말 구사하기'는 불가능하므로 가르치는 것을 좋아해서 선생 되지는 말아야 한다는 교훈이다.

5. 두 번째 범주는 어떤 것인지 본문을 읽고 답해 보라(3~6절).

① 혀의 가공할 색

② 혀의 가공할 부드러움

③ 혀의 가공할 힘

④ 혀의 가공할 섬세함

말씀 살피기 |
우리가 말들의 입에 재갈 물리는 것은 우리에게 순종하게 하려고 그 온 몸을 제어하는 것이라. 또 배를 보라 그렇게 크고 광풍에 밀려가는 것들을 지극히 작은 키로써 사공의 뜻대로 운행하나니, 이와 같이 혀도 작은 지체로되 큰 것을 자랑하도다 보라 얼마나 작은 불이 얼마나 많은 나무를 태우는가, 혀는 곧 불이요 불의의 세계라 혀는 우리 지체 중에서 온 몸을 더럽히고 삶의 수레바퀴를 불사르나니 그 사르는 것이 지옥 불에서 나느니라(약 3:3~6)

인도자 가이드 |

정답: ③. 야고보가 들고 있는 세 가지 비유는 모두 작은 것으로 큰 것을 움직인다고 하는 '혀의 가공할 힘'에 대한 것이다.

6. 5번에서 말하는 답을 설명하기 위해서 야고보가 든 세 가지 비유는 어떤 것인가? 그 의미는 무엇이라고 생각하는가?(3~6절)

인도자 가이드 |

첫 번째는 말들을 제어하는 말의 입의 재갈, 두 번째는 광풍에서 배를 지키는 배의 키, 세 번째는 많은 나무를 태우는 작은 불이다(3~5절). 이는 작은 것이 큰 것을 움직인다는 '혀의 힘'에 대한 이야기다. 6절에서는 이 혀가 우리의 온 몸(전인격)과 삶의 수레바퀴(삶)까지 불사른다고 말한다.

7. 6절의 의미를 다음을 읽고 이해한 자신의 언어로 그룹원들에게 설명해 보라.

- '혀는 곧 불이요 불의의 세계라'는 말은 혀가 스스로 자기를 악의 세계의 화신으로 임명하고 악을 쏟아낸다는 뜻으로 이해할 수 있다.
- '온 몸을 더럽힌다'는 말은 우리의 전인격을 부패시킨다는 말이다.
- '삶의 수레바퀴를 불사른다'는 말은 삶의 전 과정, 인생 노정을 아수라장으로 만들어 버린다는 말이다.
- 혀는 우리의 죄된 본성을 대변하고, 지옥에서 불타 심판 받을 우리의 정체성을 대변해 주는 것이다.

8. 야고보가 이야기하는 혀의 세 번째 범주는 어떤 성격을 말하고 있는가?(7,8절)

말씀 살피기 |
여러 종류의 짐승과 새와 벌레와 바다의 생물은 다 사람이 길들일 수 있고 길들여 왔거니와, 혀는 능히 길들일 사람이 없나니 쉬지 아니하는 악이요 죽이는 독이 가득한 것이라(약 3:7,8)

인도자 가이드 |
세 번째 범주는 세상의 모든 생물은 길들일 수 있지만, 혀는 결코 길들일 수 없다는 뜻이다. 세상의 생물들을 이렇게 나눈 것은 창세기의 분류를 따른 것이다.

9. 당신은 이 말에 동의할 수 있는가? 혀를 제어하지 못해서 낭패를 본 경험이 있다면 진솔하게 나누어 보라.

인도자 가이드 |
혀를 길들일 수 있는 사람은 없다는 것이 성경의 교훈이다. 돌이켜 보면 화가 나서, 너무 신이 나서, 감정적으로 격해져서 우리는 첫 번째로 말을 실수한다. 혀는 충분히 우리가 제어할 수 있는 것처럼 생각되지만 결단코 우리 생각처럼 되지 않는다는 사실을 함께 동의할 수 있으면 좋다.

10. 네 번째 범주는 혀의 어떤 성격을 설명하고 있는 듯 보이는가?(9~12절) 이 말의 의미는 무엇이라고 생각하는가?

말씀 살피기 |
이것으로 우리가 주 아버지를 찬송하고 또 이것으로 하나님의 형상대로 지음을 받은 사람을 저주하나니, 한 입에서 찬송과 저주가 나오는도다 내 형제들아 이것이 마땅하지 아니하니라, 샘이 한 구멍으로 어찌 단 물과 쓴 물을 내겠느냐, 내 형제들아 어찌 무화과나무가 감람 열매를, 포도나무가 무화과를 맺겠느냐 이와 같이 짠 물이 단 물을 내지 못하느니라(약 3:9~12)

인도자 가이드 |

혀의 네 번째 범부는 '혀의 이중성'이다. 나무가 그의 정체성에 합당한 열매를 맺듯, 사람도 그러해야 하는데 사람은 한 입으로 하나님을 찬양하기도 하고 형제를 비방하기도 한다. 이것은 마땅하지 않은 일이지만 현실에서 일어나고 있는 실제라고 지적하고 있다. '마땅치 않다'는 말은 '그렇게 할 필요가 없다', '그렇게 하는 것이 당연한 것이 아니다'라는 의미다.

11. 9~12절의 야고보의 혀에 대한 교훈은 '혀를 조심해서 사용하도록 길들이라'가 아니라 '찬양을 선택하든지, 저주를 선택하든지 하라'는 것이다. 야고보의 교훈에 따르면 우리가 적극적으로 실천해야 할 혀의 최고의 사용은 무엇인가?

인도자 가이드 |

혀를 길들일 사람은 없다. 그러므로 길들일 생각을 하지 말고, 혀를 선한 곳에 적극적으로 사용하라는 말이다. 그 선한 곳은 바로 혀의 최고의 사용 용도인 '하나님을 찬양하는 것'이다. 그리고 형제를 축복하는 것이다. '찬양(율로기아)'이라는 말에는 '축복'이라는 의미도 담겨 있다.

|다짐하기|

12. 당신의 혀의 사용의 실제는 어떤가? 야고보의 결론적 교훈을 실천하기 위해서 당신이 일주일 동안 해야 할 일과 조심해야 할 대상, 그 이유를 그룹원들에게 나누어 보라. 지키지 못했을 경우 벌칙도 정해서 나누어 보라.

인도자 가이드 |

우리는 특정한 상황 속에서, 특정한 대상(가장 쉬운 사람들에게)에게 말실수를 할 때가 많다. 이를테면 가족들이나 친한 친구일 것이다. 그들에게 어떻게 말의 선용을 실천할지를 구체적으로 나누도록 도우라.

첫 번째 범주, 말실수가 없는 사람은 없다(1,2절)

먼저 '많이 선생되지 말라'라고 말한다(1절). 말에 실수가 없는 자는 없다(2절). 피조물 가운데 언어를 구사하는 유일한 존재가 우리지만 죄성 때문에 말에 죄가 묻어나게 된 것이다. 마음에서 만들어지는 죄는 입 밖으로 나오거나 나오지 않거나 할 뿐이다. 말을 많이 하는 선생들은 그만큼 많은 말실수를 하게 되고 따라서 더 큰 심판을 받게 된다는 것이다.

말실수가 없으면 '온전한 사람(텔레이오스)'이라고 말한다. 야고보서에서 온전한 사람은 '인내하는 자(1:4)', '사랑하는 자(1:25)', '말에 실수가 없는 자(3:2)' 등으로 묘사된다. 결국 말로 하는 죄를 멈추는 것은 이생에서 불가능하다는 뉘앙스다. 내세에 이루어질 신앙의 목적이 '온전함'이기 때문이다.

결론은 '죄 없는 말 구사하기는 누구라도 불가능하다. 그러니 차라리 말을 많이 하는 선생이 되지 말라'는 것이다. 당시 교회에 가르치는 일에 대한 선호도가 있었던 것 같다. 가르치는 자는 성도들을 온전케 하기 위해서 하나님께서 세우셨다(고전12:28). 여러 문헌을 보면 당시 랍비의 제자들은 기본적으로 말씀을 암송한 다음에야 비로소 논의할 자격이 주어졌다고 한다(Samuel Byrskog). 하지만 우리는 너무 쉽게 가르치는 일을 하는 것은 아닌지 돌아볼 필요가 있다.

두 번째 범주, 혀의 가공할 힘(3~6절)

이를 위해 세 가지 비유를 든다. 첫 번째는 말들의 입에 재갈을 물려 원하는 방향으로 가도록 하는 것이다(3절). 이 말은 우리의 혀가 우리의 삶의 방향을 결정하는 재갈과 같아서 부정적으로 말하는 사람은 부정적인 인생으로 가고, 힘들고 어려워도 하나님을 신뢰함으로 감사의 말을 하는 사람의 인생은 감사한 방향으로 간다는 의미를 내포한다.

두 번째는 큰 배를 운행하는 키다(4절). 배의 키가 광풍으로부터 배가 난파되는 것을 보호하는 역할을 하듯 혀만 잘 사용하면 광풍 같은 환경의 어려움이 찾아와도 결코 믿음이나 인생이 파산되지 않을 수 있다는 말이다.

세 번째는 많은 나무를 태우는 불이다(5절). 불은 혀의 파괴력을 상징한다. "큰 것을 자랑한다"는 말은 '과장하고 허풍을 떠는 것'을 의미한다. 과장하고 허풍을 떠는 혀가 우리를 망친다는 말이다. 그래서 시편 12편3절에는 "여호와께서 모든 아첨하는 입술과 자랑하는 혀를 끊으시리니"라고 말한다.

6절의 '혀는 곧 불이요 불의의 세계라'는 말은 혀가 스스로 자신을 악의 세계의 화신으로 임명하고 악을 쏟아낸다는 뜻이다. '온 몸을 더럽힌다'는 말은 우리의 전인격을 부패시킨다는 말이고, '삶의 수레바퀴를 불사른다'는 말은 삶의 전 과정, 인생 노정을 아수라장으로 만들어 버린다는 말이다. 혀는 우리의 죄된 본성을 대변하고, 지옥에서 불타 심판 받을 우리의 정체성을 대변해 주는 것이다.

세 번째 범주, 혀는 제어 불가(7,8절)

야고보의 교훈은 '말을 조심해서 길들이라'가 아니라 '말은 통제가 불가능하다'다(8절). 여러 종류의 짐승과 새와 벌레와 바다의 생물은 길들였지만, 혀는 길들일 수 있는 사람이 없다(7절). 피조세계를 이렇게 나누는 것은 창세기 1장의 범주를 따른 것이다. 혀는 그 자체가 악의 횡포를 흉내 내는데, 그 깊은 곳에 죽이는 독이 숨어 있다. 그래서 에덴동산에서 뱀은 이 죽음의 독이 가득한 혀로 첫 사람 아담을 죽음에 이르게 한 것이다.

네 번째 범주, 혀의 이중성(9~12절)

야고보는 혀가 악한 이유를 혀의 이중성 때문이라고 말한다. 그래서 이 혀의 이중성에 대해 직면하라고 경고한다. 혀의 이중성은 1장 8절에서 두 마음을 품고 정함이 없는 것, 쉬지 않는 것이라고 했다. 그래서 때로는 하나님을 찬양(율로기아)하고, 때로는 형제를 저주(카타라)하는 것이다. 하나님을 찬양하는 것이 혀의 최고의 사용이고, 형제를 저주하는 것이 혀의 최악의 사용이다. 야고보의 결론은 '혀를 조심해서 사용하라'가 아니다. 그렇게 할 수 있는 사람은 없다. 그러므로 그 혀를 하나님을 찬양하고, 형제를 축복하는데 적극적으로 사용하라는 말이다. '찬양하다(율로기아)'는 말은 '축복하다'라는 의미를 내포한다. 성경의 저자들은 말이 곧 우리 삶의 열매라고 말한다(잠18:20, 호14:2, 히13:15)

|청년 자기 체크리스트|

아래의 체크리스트를 가지고 오늘 소그룹 모임에 임한 자신의 태도를 충분히 점검해 보라.

점검 사항		5	4	3	2	1
준비 및 예습	본 과를 준비하면서 충분히 예습은 하였는가?					
	각 과의 분명한 목적은 알고 모임에 임했는가?					
	성령께서 나를 만지시도록 기도로 준비하였는가?					
	소그룹원들을 위해서 중보하였는가?					
	리더를 위해서 중보하였는가?					
	나를 변화시키실 하나님을 기대하는 마음으로 임했는가?					
참여 및 자세	적극적으로 질문과 대답에 참여했는가?					
	정직하게 자신을 보여주었는가?					
	지체들의 이야기에 사랑의 마음으로 공감적 경청을 하였는가?					
	모임 중 성령의 인도하심을 계속적으로 구했는가?					
	하나님께서 원하시는 것이 무엇인지 분명히 알았는가?					
	발견한 진리를 삶과 인격에 적용하기로 결단했는가?					
	이번주에 중보할 지체를 발견했는가?					
적용 및 결단	자신의 적용이 삶과 인격에 변화를 가져올 만큼 구체적인가?					
	배운 내용이 삶의 상황에 분명히 적용되었는가?					
	소그룹 모임에 대한 만족감이 있었는가?					
	배운 내용을 분명하게 정리했는가?					
	이번 과의 주제와 목적을 분명히 알게 되었는가?					
	삶과 인격의 변화를 위해 기도할 준비가 되어 있는가?					
평가	이번주 총점					

"그러므로 내 사랑하는 형제들아 견실하며 흔들리지 말고 항상 주의 일에 더욱 힘쓰는 자들이 되라 이는 너희 수고가 주 안에서 헛되지 않은 줄 앎이라" (고전 15:58)

- 이번주 생일 맞은 사람은?
- 이번주 소그룹 특이 사항은?
- 다음주 행사는?
- 다음주 전도할 대상은?
- 이번 달 암송 구절과 필독서는?

7과
땅의 지혜와 하늘의 지혜

야고보서 3장13-18절

흔히들 일 처리를 잘 못하는 사람을 가리켜
'지혜가 없다'는 말을 한다.
말을 상황에 맞게 하지 못하거나
행동을 잘못하여 남에게 상처를 주는 사람을 보고도
'지혜가 없다'는 말을 한다.
하지만 세상에 지혜가 없는 사람이 있을까?
쉽게 '지혜가 없다'는 말을 하지만
실은 지혜가 없는 사람은 없다.
소통의 방법이 달라서 이고,
강조점이 달라서 상황이 꼬이는 것이지
누구나 지혜를 가지고 지혜를 드러내며 산다.
성경도 모든 사람이 지혜가 있다고 말한다.
다만 그 지혜의 종류가 무엇인가를 집요하게 질문할 따름이다.
야고보가 말하는 지혜는 땅의 지혜와 하늘의 지혜다.
당신의 지혜는 땅에 속한 것인가? 아니면 하늘에 속한 것인가?
야고보가 말하는 하늘의 지혜는 어떤 것인지 확인해 보자.

말씀 암송 | 에베소서 4장 26,27절

분을 내어도 죄를 짓지 말며 해가 지도록 분을 품지 말고 마귀에게 틈을 주지 말라

|다가서기|

1. 당신이 만난 가장 지혜로운 사람에 대해서 말해 보라. 어떤 점에서 그 사람이 지혜롭다고 생각하는가?

인도자 가이드 |

과거에 만난 사람 중에 지혜로운 사람을 나누게 함으로 각자가 주관적으로 생각하는 지혜의 기준을 살펴볼 수 있다. 의외로 지혜의 기준이 다 다르다는 사실을 확인할 수 있도록 도우라.

2. 당신은 지혜로운 사람인가? 그렇게 생각하는 이유는 무엇인가?

인도자 가이드 |

타인의 지혜에 대한 기준과 자신에게 적용하는 지혜의 기준은 그 값이 다를 수 있다. 성경이 말하는 지혜를 나누기 위함임을 기억하면서 각자가 스스로 어떻게 생각하는지를 점검하는 시간으로 삼으라.

|깊이보기|

성경은 지혜를 의인화하는 거의 유일한 책일 정도로 지혜를 높이 평가한다. 성경의 전제는 모든 사람이 지혜가 있다는 것이다.

야고보는 그 지혜에는 두 가지가 있다고 소개한다. 하나는 하늘의 지혜고, 하나는 땅의 지혜다. '너희 중에 지혜가 있다고 생각한다면 온유함으로 그 행함을 보이라(13절)'는 말은 내가 가진 지혜가 어디로부터 왔는지는 나의 행함으로 증명해야 한다는 말이다. 본문에서 야고보는 땅의 지혜라면 시기와 다툼, 혼란과 악한 일로 드러나지만(14~16절), 하늘에서 온 지혜라면 선행으로 드러난다(17,18절)고 말한다.

3. 야고보는 지혜와 총명이 있는지는 어떻게 그 지혜와 총명을 증명하라고 말하는가?(13절)

말씀 살피기 |

너희 중에 지혜와 총명이 있는 자가 누구냐 그는 선행으로 말미암아 지혜의 온유함으로 그 행함을 보일지니라(약 3:13)

인도자 가이드 |

지혜와 총명이 있는 자는 선행으로 그 지혜를 증명해야 하는데, 그 선행이란 지혜의 온유함으로 보이는 것을 말한다.

4. 야고보가 증명하라고 하는 지혜의 온유함이란 무엇을 의미하는지 자신의 생각을 나누어 보라(13절, 잠1:7, 마11:29).

말씀 살피기 |

여호와를 경외하는 것이 지식의 근본이거늘 미련한 자는 지혜와 훈계를 멸시하느니라(잠 1:7)

나는 마음이 온유하고 겸손하니 나의 멍에를 메고 내게 배우라 그리하면 너희 마음이 쉼을 얻으리니(마 11:29)

인도자 가이드 |

지혜를 증명하는 외적 행위는 내적인 온유함으로부터 나와야 한다는 말이다. 이 온유함은 결국 지혜를 그 출처로 하는데, 지혜란 여호와를 경외하는 것으로부터 시작함으로, 하나님을 경외함으로 갖게 되는 내적 겸손이 외적 선행으로 드러나는 것을 의미한다고 할 수 있다.

5. 14~16절까지는 땅의 지혜에 대해서 설명한다. 야고보가 이야기하는 땅의 지혜는 무엇을 그 출처로 하고 있는가?(14절)

말씀 살피기 |

그러나 너희 마음 속에 독한 시기와 다툼이 있으면 자랑하지 말라 진리를 거슬러 거짓말하지 말라(약 3:14)

인도자 가이드 |

땅의 지혜는 그 출처를 독한 시기와 다툼으로 하고 있다. 독한 시기는 남과 비교하여 그 가치를 깎아 내리는 열등감이고, 다툼은 자기만을 내세우는 것이라고 본다면, 결국 이기주의다. 이 열등감과 이기주의는 여러 가지 이유와 모양으로 자신을 포장하기 때문에 야고보는 '진리를 거슬러 거짓말하지 말라'고 하는 것이다.

6. 야고보가 설명하는 땅의 지혜의 세 가지 특징은 무엇인가?(15절) 그 의미는 무엇인지 자신의 생각을 나누어 보라.

말씀 살피기 |

이러한 지혜는 위로부터 내려온 것이 아니요 땅 위의 것이요 정욕의 것이요 귀신의 것이니(약 3:15)

인도자 가이드 |

'땅 위의 것'이란 말은 하늘로부터 차단된 한계가 있는 인간의 지혜라는 말이고, '정욕의 것'이란 성령과 대비되어 성령으로부터 단절된, 성령과 대조되고 싸우는 욕심이라는 말이다. 본질적으로 다툼을 야기한다는 말이다. '귀신의 것'이란 이런 지혜는 결국 마귀가 가진 지혜와 비슷한 것이라는 의미다.

7. 땅의 지혜로 살면 결국 그 결말은 어떻게 되는가?(16절) 그 이유는 무엇이라고 생각되는가?

말씀 살피기 |
시기와 다툼이 있는 곳에는 혼란과 모든 악한 일이 있음이라(약 3:16])

인도자 가이드 |
결국 시기와 다툼에 뿌리를 둔 세상 지혜는 혼란과 모든 악한 일을 야기하게 된다고 말한다. 자신의 열등감과 이기심으로 자신의 마음을 감추고 거짓으로 말하고 행동하는 것은 언젠가는 드러나게 되고, 결국 사람들에게 불신과 원망을 듣게 될 것이다.

8. 당신에게는 열등감과 이기심이 없는가? 이것이 결국 상처가 아니라 땅의 지혜라는 사실에 동의할 수 있는가? 이 사실이 당신에게 시사하는 바는 무엇인가?

인도자 가이드 |
우리를 힘들게 하는 열등감과 이기심이 상처가 아니라 내가 세상을 따라 살았기 때문에 생긴 세상의 지혜라면 훨씬 더 정리하기가 쉬울지 모른다. 우리 속에 비교 의식으로 뿌리내린 열등감과 이기주의를 땅의 지혜로 간주하고 하나님 앞에 하늘의 지혜를 구하는 자리부터 출발해야 한다.

9. 이에 반해 하늘의 지혜는 어떤 모습이라고 설명하고 있는가?(17절)

말씀 살피기 |

오직 위로부터 난 지혜는 첫째 성결하고 다음에 화평하고 관용하고 양순하며 긍휼과 선한 열매가 가득하고 편견과 거짓이 없나니(약 3:17)

인도자 가이드 |

총 8가지의 덕목으로 설명하는 것 같지만 사실은 하늘의 지혜는 '성결'로 나타난다는 말이다. 이 성결을 세 가지 범주로 설명하는데, 처음에는 헬라어의 첫 글자가 같은 글자로 시작하는 '화평, 관용, 양순'이고, 두 번째는 '긍휼과 선한 열매가 가득한 것'으로 설명하고, 세 번째는 '편견과 거짓이 없는 것'으로 설명한다.

10. 하늘의 지혜를 가진 자는 결국 화평하게 하는 자로 살아간다. 그가 화평으로 심어 의의 열매를 거둔다는 말은 무슨 뜻이라고 생각하는가?(18절, 약1:20, 마5:9)

말씀 살피기 |

화평하게 하는 자들은 화평으로 심어 의의 열매를 거두느니라(약 3:18)

사람이 성내는 것이 하나님의 의를 이루지 못함이라(약 1:20)

화평하게 하는 자는 복이 있나니 그들이 하나님의 아들이라 일컬음을 받을 것임이요(마 5:9)

인도자 가이드 |

하늘의 지혜는 결국 성결함과 화평케 하는 것으로 드러난다. 여기서 화평케 하는 것은 하나님과 화평케 된 자가 할 수 있는 역할이다. 즉 화평케 하는 자는 성내지 않는 온유한 삶과 화평케 하신 이를 전함으로 이웃이 화평의 주를 만나게 하는 것이 '화평으로 심는 것'이다. 그들이 이 땅에서 하늘의 지혜를 가진 하나님의 아들들이라 일컬음을 받는 것이다.

11. 야고보가 이야기한 내용들을 종합해 볼 때 하늘의 지혜를 가진 사람의 삶의 방식은 어떤 모습으로 드러나야 한다고 생각되는가?

인도자 가이드 |

결국 하늘의 지혜를 가진 자는 성결함(순결함)으로, 그리고 세상에 자신이 받은 화평함을 온유한 모습으로 전하는 모습으로 나타난다. 도덕적으로 바르게 사는 것과 복음을 전하는 것은 사명이라기보다 구원 받은 자의 필연적 열매에 가깝다. 그러므로 믿음은 행함으로 증명되는 것이다.

|다짐하기|

12. 땅의 지혜와 하늘의 지혜를 정리해 보라. 당신에게 있는 것은 무엇인지, 부족한 것은 무엇인지, 어떻게 하늘의 지혜를 가지고 살아갈지 실천 방법을 나누어 보라.

땅의 지혜란?	열등감과 이기심을 그 뿌리로 하고, 결국은 혼란과 모든 악한 일을 초래하게 하는 것이다.
하늘의 지혜란?	결국 성결한 마음과 화평케 하는 모습으로 드러난다.
내게 있는 것은?	내 속에 있는 열등감, 이기심, 성결치 않음, 화평케 하지 않는 모습을 점검한다.
부족한 것은?	부족한 부분을 나열하고 고백한다.
실천 방안은?	하늘의 지혜의 두 가지 틀인 성결과 화평을 나의 삶의 중요한 기준으로 삼는 구체적인 삶을 디자인한다.

지혜의 온유함으로(13절)

'지혜를 온유함 안에서 선행으로 드러내라'는 말은 하늘의 지혜는 내적 온유함에서 외적 선행으로 드러나게 된다는 말이다. 하지만 당시 '온유함(겸손)'을 비굴함의 일종으로 여기던 헬라인들에게는 온유함이 덕목이 아니었다. 하지만 예수님은 "나는 마음이 온유하고 겸손하니 나의 멍에를 메고 내게 배우라 그리하면 너희 마음이 쉼을 얻으리니(마11:29)"라고 말씀하신다. '지혜란 하나님을 경외하는 것으로 시작하는 것(잠1:7)'이다. 지혜란 일차적으로 하나님 앞에 서서 우리의 실존을 깨달음으로 온유함(겸손)을 갖는 것이다. 그런 다음에 이웃과 형제를 향해 선행으로 드러나는 개념이다. 야고보는 우리에게 이것을 증명해야 한다고 말한다.

땅의 지혜(14~16절)

하지만 당시 교회 안에는 땅의 지혜를 가진 자들이 있었다. 이 땅의 지혜는 '독한 시기'와 '다툼'을 근거로 나타나는 지혜다(14절). '독한 시기'는 날카로운 열심으로 남의 가치를 애써 깎아내리는 것으로 비교의식에서 출발한 '열등감'과 맥을 같이 한다. '다툼'은 자기만 내세우는 이기심이다. 열등감과 이기심은 상처가 아니라 땅의 지혜다. 이 열등감과 이기주의가 없는 사람은 없을 것이다. 이것을 성경적 용어로 바꾸면 독한 시기와 다툼이 되는 것이다.

이런 지혜의 특징은 세 가지로, 첫째, '땅 위의 것'이란 하늘로부터 차단된 한계가 있는 세상의 지혜라는 말이다. 둘째, '정욕의 것'이란 성령으로부터 단절된 욕심으로 본질적으로 다툼을 야기한다는 말이다. 셋째, '귀신의 것'이란 악한 영을 닮은, 마귀의 지혜와 같은 것이라는 뜻이다(15절).

땅의 지혜는 결국 혼란과 모든 악한 일로 증명된다(16절). '혼란(아카타스타시아)'은 1장 8절에서는 '정함이 없는'으로, 3장 8절에서는 '쉬지 아니하는'으로 설명된다. 그래서 구하여도 얻지 못하고, 늘 쉬지 않고 말로 죄를 범하는 현상으로 나타나는 것이다. 우리 삶에 다툼이 있고, 기도 응답이 없고, 말로 죄를 범하는 이유는 세상 지혜로 살기 때문이다. 시기와 다툼, 즉 열등감과 이기주의의 희생양으로 살면 결과는 혼란과 온갖 악한 일만 열매 맺을 뿐이다.

하늘의 지혜(17,18절)

이에 반해 하늘의 지혜는 여덟 가지로 설명하는 것 같지만 자세히 보면 '성결(하그노스)'한 것으로 드러난다고 말한다(17절). 성결은 순결, 순수한 것, 두 마음을 품지 않는 것으로, 세 가지 범주로 설명된다. 첫 번째는 같은 헬라어 글자로 시작하는 화평(에이레니코스)하고, 관용(에피에이케스)하고, 양순(유페이데스)한 것이다. 두 번째는 '가득한 것'으로 묘사되는 긍휼과 선한 열매다. 긍휼(엘레오스)이 곧 선한 열매라는 뜻이다. 세 번째는 '~이 없다'는 표현으로 편견과 거짓이 없음으로 설명한다. 하늘의 지혜를 가진 자의 첫 번째 특징은 이런 일곱 가지를 지닌 성결한 자로 사는 것이다.

두 번째 하늘의 지혜를 가진 자의 특징은 화평하게 하는 것이다. 하늘의 지혜로 화평하게 하는 자들은 화평으로 심어 의의 열매를 거둔다(18절). '의의 열매'는 바울이 말하는 칭의가 아니라 1장 20절에서 말하는 '성내지 아니함으로 하나님을 기쁘시게 하는 의'에 가깝고, 마태복음 5장 9절에서는, "화평케 하는 자는 복이 있나니 그들이 하나님의 아들이라 일컬음을 받을 것임이요"라고 선언한다. '화평케 하는 것'은 하나님과 우리를 화평케 하신 예수의 구속 사건을 전제로 한다. 화평으로 심는다는 말은 그 화평케 하심을 이웃에게 전하는 것을 의미한다.

결국 하늘의 참된 지혜를 가진 자는 성결한 모습으로, 그리스도의 화평케 하심을 전하는 모습으로 증명되는 것이다.

|청년 자기 체크리스트|

아래의 체크리스트를 가지고 오늘 소그룹 모임에 임한 자신의 태도를 충분히 점검해 보라.

	점검 사항	5	4	3	2	1
준비 및 예습	본 과를 준비하면서 충분히 예습은 하였는가?					
	각 과의 분명한 목적은 알고 모임에 임했는가?					
	성령께서 나를 만지시도록 기도로 준비하였는가?					
	소그룹원들을 위해서 중보하였는가?					
	리더를 위해서 중보하였는가?					
	나를 변화시키실 하나님을 기대하는 마음으로 임했는가?					
참여 및 자세	적극적으로 질문과 대답에 참여했는가?					
	정직하게 자신을 보여주었는가?					
	지체들의 이야기에 사랑의 마음으로 공감적 경청을 하였는가?					
	모임 중 성령의 인도하심을 계속적으로 구했는가?					
	하나님께서 원하시는 것이 무엇인지 분명히 알았는가?					
	발견한 진리를 삶과 인격에 적용하기로 결단했는가?					
	이번주에 중보할 지체를 발견했는가?					
적용 및 결단	자신의 적용이 삶과 인격에 변화를 가져올 만큼 구체적인가?					
	배운 내용이 삶의 상황에 분명히 적용되었는가?					
	소그룹 모임에 대한 만족감이 있었는가?					
	배운 내용을 분명하게 정리했는가?					
	이번 과의 주제와 목적을 분명히 알게 되었는가?					
	삶과 인격의 변화를 위해 기도할 준비가 되어 있는가?					
평가	이번주 총점					

"그러므로 내 사랑하는 형제들아 견실하며 흔들리지 말고 항상 주의 일에 더욱 힘쓰는 자들이 되라 이는 너희 수고가 주 안에서 헛되지 않은 줄 앎이라" (고전 15:58)

- 이번주 생일 맞은 사람은?
- 이번주 소그룹 특이 사항은?
- 다음주 행사는?
- 다음주 전도할 대상은?
- 이번 달 암송 구절과 필독서는?

8과
질투를 넘어서는 은혜

야고보서 4장1-10절

질투를 해 본 적이 있는가?
우리가 알고 있는 질투는 감정적인 것에 가깝다.
사전적으로도 질투(嫉妬, Jealousy)란 인간관계의 영역에서
자신에게 가치 있는 것을 잃을까봐 오는
부정적 사고나 감정을 말한다.
인간관계 속에서 느끼는 감정은 다양하다.
사랑, 기쁨, 불안, 거절감, 질투 등
이런 감정들은 인격적인 관계 안에서만 가능한 것이다.
그렇기 때문에 어떤 면에서 질투는
관계를 규정하는 도구가 되기도 한다.
하나님과 우리의 관계는 어떨까?
하나님도 우리에게 질투를 느끼실까?
성경은 하나님이 우리를 질투하신다고 분명히 말씀한다.
하나님의 질투는 어떤 것일까?
문제는 하나님의 질투는 감정의 문제가 아니라는 점이다.
과연 하나님의 질투는 어떤 것이며,
그 질투를 해결할 수 있는 방법은 무엇인지
야고보의 교훈을 따라 가 보자.

말씀 암송 | 에베소서 4장 26,27절

분을 내어도 죄를 짓지 말며 해가 지도록 분을 품지 말고 마귀에게 틈을 주지 말라

|다가서기|

1. 질투했던 경험을 이야기해 보자. 어떤 일 때문에, 누구를, 어떻게, 어떤 결과가 주어졌는지 나누어 보라.

인도자 가이드 |

인간관계 안에서 질투는 필연적인 감정이다. 왜냐하면 질투는 자신이 가치 있게 느끼는 것이 있기 때문에, 그것을 잃을까봐 생기는 감정이기 때문이다. 부정적인 이 감정이 관계에 미치는 영향이 그리 좋지는 않았음을 확인해 보자.

2. 하나님의 질투와 인간의 질투를 비교해 보라. 어떤 점이 같고, 어떤 점이 다른지 자신의 생각을 자유롭게 나누어 보라.

인도자 가이드 |

하나님도 질투하실 수 있다는 데서부터 출발해야 한다. 성경은 하나님을 질투의 하나님이라고 말하고 있기 때문이다(신4:24). 자연스럽게 하나님의 질투에 대해서 그룹원들의 생각이 모이도록 도우라.

|깊이보기|

앞선 3장에서 야고보는 세상 모든 사람은 지혜가 있다고 말했다. 단 그 지혜가 세상의 지혜인지, 하늘의 지혜인지를 증명해야 한다고 선언했다. 온유함(겸손) 안에서 선을 행함으로 증명되는 것이 하늘의 지혜라고 교훈했다. 그리고 4장 1~10절까지는 그 온유함, 겸손이 무엇인지 설명한다. 당시 세상 지혜의 결과물인 싸움과 다툼의 원인에 대해서 필역하면서, 결국 세상과 벗되는 것이 하나님과 원수되는 것임을 알라고 명령한다.

3. 야고보가 말하는 싸움과 다툼의 원인은 무엇인가?(1절) 그것의 의미를 당신의 말로 설명해 보라.

말씀 살피기 |

너희 중에 싸움이 어디로부터 다툼이 어디로부터 나느냐 너희 지체 중에서 싸우는 정욕으로부터 나는 것이 아니냐(약 4:1)

인도자 가이드 |

야고보가 말하는 싸움의 원인은 '정욕'이다. 뭔가를 갖고 싶은 욕심 때문에 싸우는 것이다. 외부에 있는 외적 문제나 대상이 아니라 내 속에 내적으로 존재하는 '정욕' 때문이다. 여기서 말하는 '정욕(하도네)'는 기쁨, 쾌락을 의미한다.

4. 야고보는 심지어 살인하고 시기하여도 갖지 못하는 이유를 두 가지로 설명하다. 그 두 가지 이유는 무엇인가?(2,3절)

말씀 살피기 |

너희는 욕심을 내어도 얻지 못하여 살인하며 시기하여도 능히 취하지 못하므로 다투고 싸우는도다 너희가 얻지 못함은 구하지 아니하기 때문이요, 구하여도 받지 못함은 정욕으로 쓰려고 잘못 구하기 때문이라(약 4:2,3)

인도자 가이드 |

갖지 못하는 두 가지 이유는 첫째는 '하나님께 구하지 않기 때문'이고, 둘째는 구하지만 '정욕으로 쓰려고 잘못 구하기 때문'이다. '정욕으로(엔 타이스 헤도나이스 휘몬) 쓴다'는 말은 '타락한 욕망 안에서 낭비해 버린다'라는 뜻이다.

5. 문맥으로 보면 본문의 교훈은 공동체 안의 믿는 자들에게 주는 교훈이다. 그렇다면 믿는 자는 어떤 방식으로 취할 수 있다는 말인가? 당신은 어떻게 취하는 삶을 살고 있는가?

인도자 가이드 |

믿는 자가 취하는 삶은 '구하는 방식'을 따라서 사는 것이다. 왜냐하면 하나님께서 우리에게 있어야 할 것을 아시기 때문이다. 이 말은 우리가 아무 노력도 하지 않아도 된다는 말은 아니다. 갖기 위해서 살인하고 시기하는 삶의 형태는 세상의 지혜라는 차원에서 하늘의 지혜를 가진 자는 구하는 삶을 산다는 것이다.

6. 야고보가 말하는 하나님과 원수 되는 것은 어떤 것인가? 이 말의 의미는 무엇이라고 생각하는가?(4절)

말씀 살피기 |

간음한 여인들아 세상과 벗된 것이 하나님과 원수 됨을 알지 못하느냐 그런즉 누구든지 세상과 벗이 되고자 하는 자는 스스로 하나님과 원수 되는 것이니라 (약 4:4)

인도자 가이드 |

세상과 벗되는 것이 하나님과 원수 되는 것이다. 결국 이 세상과 벗된 사람은 세상의 지혜를 따라 시기하고 싸우고 쟁취하는 삶을 살고, 세상의 가치와 방식을 따라 사는 사람을 말한다.

7. 우리가 세상과 벗하는 삶을 살게 되면 어떤 일이 일어나는가?(5절, 신4:24)

말씀 살피기 |
너희는 하나님이 우리 속에 거하게 하신 성령이 시기하기까지 사모한다 하신 말씀을 헛된 줄로 생각하느냐(약 4:5)

네 하나님 여호와는 소멸하는 불이시요 질투하시는 하나님이시니라(신 4:24)

인도자 가이드 |
우리가 세상과 벗하는 삶을 살면 우리 속에 계신 성령 하나님께서 우리를 시기하신다. 이 시기는 '질투'를 의미하는데, '시기하기까지 사모한다'는 말씀으로 볼 때 미워하는 부정적 감정이 아니라 너무나 사랑하는 배타적 감정 때문에 필연적으로 생기는 신적 질투를 의미한다고 볼 수 있다.

8. 하나님의 질투는 감정으로 끝나지 않고 반드시 심판으로 이어진다. 그러므로 이 질투를 극복하는 방법이 필요하다. 그 방법은 무엇이고, 어떻게 그것을 실현할 수 있는가?(6절)

말씀 살피기 |
그러나 더욱 큰 은혜를 주시나니 그러므로 일렀으되 하나님이 교만한 자를 물리치시고 겸손한 자에게 은혜를 주신다 하였느니라(약 4:6)

인도자 가이드 |
심판으로 이어지는 하나님의 질투를 극복하는 방법은 질투보다 더 큰 은혜를 받는 길 뿐이다. 그 은혜를 받는 방법이 바로 '겸손한 자'가 되는 것이다. 교만한 자는 이 은혜를 받을 수 없다.

9. 7~10절까지는 더욱 큰 은혜를 받는 비결은 겸손에 대해서 세 가지로 설명하는 것으로 볼 수 있다. 야고보가 정의하는 첫 번째 겸손은 무엇인가? 당신은 겸손한 자인가?(7절)

말씀 살피기 |
그런즉 너희는 하나님께 복종할지어다 마귀를 대적하라 그리하면 너희를 피하리라(약 4:7)

인도자 가이드 |
첫 번째는 마귀를 대적하는 것이다. 이 말은 마귀와 싸우라는 말이 아니라 하나님의 말씀에 복종하라는 말이다. 결국 겸손이란 예수께서 하나님이시면서도 기록된 말씀 아래 머무셨던 것처럼 말씀으로 자신의 고집을 꺾고 사는 삶을 말한다.

10. 야곱이 말하는 두 번째 겸손은 무엇인가?(8절) 그 의미는 무엇이라고 생각하는가?

말씀 살피기 |
하나님을 가까이하라 그리하면 너희를 가까이하시리라 죄인들아 손을 깨끗이 하라 두 마음을 품은 자들아 마음을 성결하게 하라(약 4:8)

인도자 가이드 |
두 번째는 하나님을 가까이 하는 것이다. 하나님을 가까이 하는 것은 외적으로는 우리의 손을 씻어 행위를 바로 하고, 내적으로는 세상과 하나님을 동시에 섬기려는 두 마음을 하나님만 섬기는 마음으로 바꾸는 것이다. 이것이 바로 성결한 것이다.

11. 세 번째 겸손의 의미는 무엇인가?(9,10절) 이 말의 의미는 무엇이라고 생각하는가? 당신의 모습을 조명해 보라.

말씀 살피기 |

슬퍼하며 애통하며 울지어다 너희 웃음을 애통으로, 너희 즐거움을 근심으로 바꿀지어다, 주 앞에서 낮추라 그리하면 주께서 너희를 높이시리라(약 4:9,10)

인도자 가이드 |

세 번째는 애통하는 것이다. 이것은 단순히 슬픈 삶을 살라는 말이 아니라 세상과 벗하며 사는 즐거움을 애통하고 슬퍼하라는 말이다. 이것이 주 앞에서 자신을 낮추는 것이고, 그런 자를 주님은 높이실 것이다.

|다짐하기|

12. 세상과 벗하며 하나님과 원수된 우리는 그분의 거룩한 질투로 심판받을 수밖에 없다. 이 질투의 심판을 넘어서는 길은 오직 하나, 질투를 넘어서는 '더욱 큰 은혜'를 받는 것이다. 그 방법은 겸손이다. 어떻게 겸손할 수 있는지 야고보가 제시한 세 가지 정의의 범주 안에서 구체적인 실천 방법을 나누어 보라.

첫째, 마귀를 대적하는 것	하나님의 말씀을 더 배우고, 익히기
둘째, 하나님을 가까이 하는 것	죄된 습관을 돌아보고, 세상의 미련을 점검하여 정리하기
셋째, 슬퍼하며 애통하는 것	세상에서 누리는 기쁨을 찾아 하나님 앞에서 청산하기

싸움과 다툼의 원인

야고보는 공동체 안에서 다투는 이유를 외부에 있는 것으로 보지 않고 내부에 있는 '정욕' 때문이라고 단정한다(1절). 정욕의 원래 의미는 '기쁨(헤도네)'으로 여기서 '쾌락'과 '쾌락주의(hedonism)'가 파생했다. '쾌락에 대한 욕구' 때문에 싸우는 것이다. 우리는 이 쾌락을 얻기 위해 욕심을 내고 시기하고 살인까지 하지만 얻지 못한다(2절).

싸워도 얻지 못하는 이유는 두 가지다. 첫 번째는 구하지 않기 때문이다(2절 하반절). 얻는 방법이 잘못되었다는 말이다. 믿는 사람이 얻는 방법은 딱 하나, 하나님께 구하는 것이다. 이 말은 아무 노력 없이 기도만 하면 된다는 말이 아니라 싸우고 시기하고 살인할 정도로 다투어서 얻는 삶이 아니라 구하는 삶이 하늘의 지혜라는 말이다. 두 번째는 정욕으로 쓰려고 잘못 구하기 때문이다(3절). 맘대로 써 버리기 위해 구하는 것은 비참한 결말이 예견된 '잘못된 기도'다.

세상과 벗되는 것

야고보는 이런 사람들을 '간음한 여인들'이라고 말한다(4절). 이 호칭은 하나님과 이스라엘 백성들의 관계에서 회개를 촉구할 때 사용되는 관용구다. 하나님과 이스라엘 백성들의 관계는 남편과 아내의 관계다(사54:5,6). 믿는 자가 간음한 여자가 되는 경우는 세상의 지혜를 따라 뭔가를 쟁취하기 위해서 싸우고 다투는 모습을 취할 때이다. 얻기 위해서 남편 되신 하나님께 구하지 않을 때이다. 자신의 쾌락을 위해 맘대로 쓰려고 잘못 구할 때다. 이런 행동을 야고보는 '세상과 벗됨'이라고 말한다. 세상과 벗됨이란 세상의 가치 기준을 따라 살고, 목숨 바쳐 세상을 사랑하지만, 하나님의 뜻에는 무관심하고 세상의 방식으로 세상과 연합하는 것이다. 이렇게 세상을 친구 삼으면 그것이 곧 스스로 '하나님과 원수 되는 것'이 된다.

시기와 더욱 큰 은혜

세상과 벗됨으로 하나님과 원수가 되면 결과적으로 하나님의 시기를 받게 된다(5절). 이 '시기심(프도노스)'은 '질투하시는 하나님'을 의미한다. 이 질투는 결코 제 3자가 끼어 들 수 없는 부부관계에서 생기는 배타적 절대적 적개심이다. 용서가 안되는 질투다. 이 말은 우리가 쟁취하기 위해서 싸우고, 하나님께 구하지 않고, 정욕으로 쓰기 위해서 하나님을 이용하면, 그래서 세상과 벗하면, 하나님께서 결코 가만히 있지 않으신다는 뜻이다. 우리를 향한 하나님의 사랑이 절대적, 배타적 질투로 변해서 심판받게 된다는 말이다.

이 하나님의 질투를 해결하는 길은 그 질투를 넘어서는 '더욱 큰 은혜'를 받는 것뿐이다(6절). 더욱 큰 은혜를 받을 수 있는 비결이 바로 '겸손'이다(6절). 하나님은 교만한 자를 물리치신다. '교만'은 하나님 말씀 위에 서 있는 태도로, 얻기 위해 싸우고, 하나님께 구하지 않고, 정욕대로 쓰려고 하나님을 이용하는 태도다. 솔로몬은 "교만은 패망의 선봉이요 거만한 마음은 넘어짐의 앞잡이니라"라고 경고한다(잠16:18).

겸손이 무엇인가?

7~10절에서 겸손을 설명한다. 첫째로 겸손이란 마귀를 대적하는 것이다(7절). 이것은 하나님께 복종하므로 하나님의 뜻 아래 서는 것이다. 예수님이 하셨던 것처럼 기록된 말씀 아래 머무는 것이다. 교만하면 하나님이 우리를 대적하시고, 겸손하면 우리가 마귀를 대적할 수 있다. 겸손하면 마귀가 피하고 교만하면 하나님이 피하신다. 여기서 두 가지 유의할 점이 있다. 첫째는 마귀의 피함은 일시적인 것이라는 점, 둘째는 마귀를 대적하는 것은 싸우는 것이 아니라 말씀 아래 머물러 그의 궤계를 피하거나 떠나는 것이다.

둘째로 겸손이란 하나님을 가까이 하는 것이다(8절). 이것은 외적으로는 손을 깨끗이 하여 행동을 바꾸는 것이고, 내적으로는 세상과 벗되고 하나님과도 벗될 수 있다는 두 마음을 정리하여 성결케 하는 것이다. 마음을 하나님께로만 돌리는 것이다. 의심과 믿음 중에 믿음을 선택하고(1:6~8), 세상과 하나님 중에 하나님을 선택하는 것이 두 마음을 성결케 하는 것이다(4:4).

셋째로 겸손이란 애통하는 것이다(9절). 이 말은 세상과 벗하면서, 세상 방식대로 살고, 세상을 즐거워하는 그 마음을 애통으로 바꾸는 것이다. 이 말은 슬프게 살라는 말이 아니라 진정한 기쁨을 위해 기뻐할 자격을 갖추라는 말이다. 그 자격이 바로 세상과 벗된 나를 애통해 하는 것이다. 그래서 예수님은 "애통하는 자는 복이 있나니 그들이 위로를 받을 것임이요(마5:4)"라고 말씀하신다. 이 애통이 있을 때 진정으로 하나님의 질투를 능가하는 더욱 큰 은혜를 얻게 되는 것이다. 겸손이 하늘의 지혜다.

|청년 자기 체크리스트|

아래의 체크리스트를 가지고 오늘 소그룹 모임에 임한 자신의 태도를 충분히 점검해 보라.

	점검 사항	5	4	3	2	1
준비 및 예습	본 과를 준비하면서 충분히 예습은 하였는가?					
	각 과의 분명한 목적은 알고 모임에 임했는가?					
	성령께서 나를 만지시도록 기도로 준비하였는가?					
	소그룹원들을 위해서 중보하였는가?					
	리더를 위해서 중보하였는가?					
	나를 변화시키실 하나님을 기대하는 마음으로 임했는가?					
참여 및 자세	적극적으로 질문과 대답에 참여했는가?					
	정직하게 자신을 보여주었는가?					
	지체들의 이야기에 사랑의 마음으로 공감적 경청을 하였는가?					
	모임 중 성령의 인도하심을 계속적으로 구했는가?					
	하나님께서 원하시는 것이 무엇인지 분명히 알았는가?					
	발견한 진리를 삶과 인격에 적용하기로 결단했는가?					
	이번주에 중보할 지체를 발견했는가?					
적용 및 결단	자신의 적용이 삶과 인격에 변화를 가져올 만큼 구체적인가?					
	배운 내용이 삶의 상황에 분명히 적용되었는가?					
	소그룹 모임에 대한 만족감이 있었는가?					
	배운 내용을 분명하게 정리했는가?					
	이번 과의 주제와 목적을 분명히 알게 되었는가?					
	삶과 인격의 변화를 위해 기도할 준비가 되어 있는가?					
평가	이번주 총점					

"그러므로 내 사랑하는 형제들아 견실하며 흔들리지 말고 항상 주의 일에 더욱 힘쓰는 자들이 되라 이는 너희 수고가 주 안에서 헛되지 않은 줄 앎이라" (고전 15:58)

- 이번주 생일 맞은 사람은?
- 이번주 소그룹 특이 사항은?
- 다음주 행사는?
- 다음주 전도할 대상은?
- 이번 달 암송 구절과 필독서는??

9과
겸손의 적용

야고보서 4장11-17절

겸손은 개인적이고 내적인 덕목이다.
큰 업적을 세우는 것을 겸손하다고 말하진 않는다.
내적인 그 사람의 됨됨이가 겸손이다.
사람들은 겸손한 사람을 좋아한다.
반면에 교만하고 자기 잘난 맛에 사는 사람을 싫어한다.
이 말은 겸손은 내적인 어떤 덕목이 틀림없지만
반드시 외적인 특징으로 나타난다는 말이다.
우리는 겸손한 사람을 알아본다.
그리고 그가 가진 겸손함에 칭찬을 보내고,
그를 가까이 하고 싶어 한다.
성경은 겸손이 내적인 성향으로 머물러 있어서는
안된다고 말한다.
겸손은 우리의 삶 속에 반드시 적용되어야 할 부분이다.
야고보는 오늘 본문에서 그 적용점 두 가지를 나눈다.
결국 겸손의 적용점은 삶 속에 자리하고,
동시에 하나님과의 관계 속에서 정립된다.
야고보가 말하는 겸손의 실천을 익혀 보자.

말씀 암송 | 에베소서 4장 26,27절

분을 내어도 죄를 짓지 말며 해가 지도록 분을 품지 말고 마귀에게 틈을 주지 말라

|다가서기|

1. 이번 주 자신을 가장 힘들게 했던 것은 무엇인지 나누어 보자. 그 문제를 어떻게 해결했는지도 진솔하게 나누어 보라.

인도자 가이드 |

서로의 어려움을 나누면서 각자의 내면을 진솔하게 나눈다. 진솔해 지는 것은 겸손의 시작이라고 할 수 있다.

2. 내가 생각하는 겸손은 무엇인가? 그리고 겸손의 유익은 무엇이라고 생각하는가?

인도자 가이드 |

예를 들어 내가 생각하는 겸손의 정의는 "내 앞에 있는 리더의 썰렁한 농담에 웃어주는 것이 겸손이다."라고 했다면, 내가 생각하는 겸손의 유익은 "나의 웃음을 통해 리더는 힘을 얻고, 조모임은 밝아진다." 식으로 답하게 하면 된다.

|깊이보기|

야고보는 4장 1~10절에서 그리스도인은 오직 하나님께 구함으로 얻는 삶을 살아야 한다고 말했다. 그렇지 않고 자신의 욕망을 위해서 하나님을 이용하는 기도를 하면 그것이 세상과 벗하는 것이고, 하나님과 원수 맺는 것이 되어서, 하나님의 질투가 우리를 심판하실 것이다. 해결책은 하나, 그 질투를 능가하는 더욱 큰 은혜를 얻는 것, 곧 겸손이다. 본문은 그 겸손을 어떻게 삶에 실질적으로 적용할 것인지 두 가지로 설명한다. 첫 번째는 형제를 보는 관점이고, 두 번째는 미래를 보는 관점이다. 이 두 관점 속에서 우리는 하나님께 은혜를 받는 관계를 성립할 수 있다.

3. 야고보가 이야기하는 겸손의 첫 번째 적용점은 무엇인가? 어떻게 하는 것이 겸손이라고 말하는가?(11절)

말씀 살피기 |

형제들아 서로 비방하지 말라 형제를 비방하는 자나 형제를 판단하는 자는 곧 율법을 비방하고 율법을 판단하는 것이라 네가 만일 율법을 판단하면 율법의 준행자가 아니요 재판관이로다(약 4:11)

인도자 가이드 |

첫 번째는 형제를 보는 관점이다. 형제를 비방하거나 판단하지 않는 것이 겸손이다.

4. 형제를 비방하고 판단하는 것은 곧 무엇이 되는 것과 같다고 말하는가? 그 의미는 무엇이라고 생각하는가?(12절)

말씀 살피기 |

입법자와 재판관은 오직 한 분이시니 능히 구원하기도 하시며 멸하기도 하시느니라 너는 누구이기에 이웃을 판단하느냐(약 4:12)

인도자 가이드 |

형제를 비방하고 판단하는 것은 율법을 비방하고 판단하는 것이고, 율법을 판단하는 자는 율법의 재판관이 되려는 것이다. 곧 하나님이 되려는 것이 형제를 비방하고 판단하는 것이다. 여기서 율법은 레위기 19장 16~18절의 '네 형제를 비방하지 말고 사랑하라'는 것이며, 야고보서 2장 8절의 "네 이웃 사랑하기를 네 몸과 같이 하라 하신 최고의 법"이다. 우리는 입법자 하나님의 말씀의 준행자지 율법을 입법해서 집행하고 재판하는 존재가 아니다.

5. 야고보는 우리에게 '너는 누구이기에 이웃을 판단하는가?' 질문한다. 당신은 형제를 비방하고 판단하는가? 그렇게 했다면 그 기저에 깔려 있는 내 인식이 무엇이라고 생각되는지 나누어 보라.

인도자 가이드 |

야고보는 우리가 '비방'이라고 하는 율법을 입법하는 자가 되지 말고, 형제를 '사랑'하라 하신 입법자 하나님의 법을 준행하는 자가 되라고 말한다. 그렇기 때문에 형제를 비방하면 그것이 율법의 재판관이 되는 것이다. 내 속에 형제를 업신여기는 마음, 비교 의식, 시기, 질투 때문에 형제를 비방하는 것은 아닌지, 그것이 사랑이라는 법을 어기는 것은 아닌지 돌아보라.

6. 야고보가 말하는 겸손의 두 번째 적용점은 무엇인가? 야고보가 예를 들고 있는 상황을 자기 말로 정리해 보고, 이 관점의 문제점은 무엇인지 나누어 보라(13,14절).

말씀 살피기 |

들으라 너희 중에 말하기를 오늘이나 내일이나 우리가 어떤 도시에 가서 거기서 일 년을 머물며 장사하여 이익을 보리라 하는 자들아, 내일 일을 너희가 알

지 못하는도다 너희 생명이 무엇이냐 너희는 잠깐 보이다가 없어지는 안개니라(약 4:13,14)

인도자 가이드 |
두 번째 적용점은 미래를 보는 관점이다. '언제, 어디로 가서, 무엇을 하며, 어떤 결과를 만들자'고 말하는 것은 하나님을 배제한 미래 계획을 말한다. 우리 인생은 잠깐 보이다 없어지는 안개인데 그것을 인식하지 못하고 미래를 호언장담하는 것은 교만이다. 여기서 중요한 문제점은 하나님을 배제한 미래를 자랑한다는 점이다.

7. 성경은 우리의 생명이 무엇과 같다고 말하는지 확인해 보라. 당신은 이 말에 동의할 수 있는가? 이 말의 의미는 무엇이라고 생각하는가?

- 14절 – 잠깐 보이다가 없어지는 안개
- 시편 39편 5절 – 한 뼘 길이
- 시편 73편 20절 – 꿈
- 시편 102편 11절 – 기울어지는 그림자, 시들어가는 풀
- 베드로전서 1장 24절 – 마르는 풀, 떨어지는 꽃
- 나는? –

말씀 살피기 |
주께서 나의 날을 한 뼘 길이만큼 되게 하시매 나의 일생이 주 앞에는 없는 것 같사오니 사람은 그가 든든히 서 있는 때에도 진실로 모두가 허사뿐이니이다(셀라)(시 39:5)

주여 사람이 깬 후에는 꿈을 무시함 같이 주께서 깨신 후에는 그들의 형상을 멸시하시리이다(시 73:20)

내 날이 기울어지는 그림자 같고 내가 풀의 시들어짐 같으니이다(시 102:11)

그러므로 모든 육체는 풀과 같고 그 모든 영광은 풀의 꽃과 같으니 풀은 마르고 꽃은 떨어지되(벧전 1:24)

인도자 가이드 |

인간은 잠깐이다. 그렇기 때문에 하나님 없이 미래를 논할 수 없다. 그런 미래를 하나님을 배제하고 자신의 계획과 자신감을 자랑하는 것은 교만이요 악이다.

8. 그렇기 때문에 우리는 인생의 미래에 대해서 어떤 기준을 가져야 하는가? 이 말의 의미는 무엇이라고 생각하는가?(15절)

말씀 살피기 |

너희가 도리어 말하기를 주의 뜻이면 우리가 살기도 하고 이것이나 저것을 하리라 할 것이거늘(약 4:15)

인도자 가이드 |

인생은 잠깐 있다 없어지는 꽃과 같기 때문에 우리는 '주의 뜻이면(Deo Volente) 살기도 하고 이것저것을 하리라' 라고 말해야 한다. 하나님의 절대 주권을 인정함으로 미래를 보아야 한다. 하나님은 우리 인생의 입법자시며 재판관이시기 때문이다. 즉 시작과 끝이시기 때문이다.

9. 야고보는 하나님을 배제한 미래에 대한 장담을 무엇이라고 정의하는가?(16절) 야고보의 이 정의에 근거하여 당신의 미래에 대한 계획을 조명해 보라. 무엇을 수정해야 할 것 같은가?

말씀 살피기 |

이제도 너희가 허탄한 자랑을 하니 그러한 자랑은 다 악한 것이라(약 4:16)

인도자 가이드 |

하나님을 배제한 미래에 대한 장담은 전부 허탄한 자랑이며, 그러한 자랑은 곧 악한 것이라고 정의한다. 사람들은 주도면밀한 미래를 설계하는 사람들을 현명하다고 생각하지만 성경은 그렇지 않다. 인간의 지혜가 아니라 하나님의 지혜로 미래를 설계하는 것이 필요하다.

10. 앞의 문맥을 고려할 때 야고보가 말하는 '선'이란 무엇이라고 정의할 수 있겠는가?(17절)

말씀 살피기 |

그러므로 사람이 선을 행할 줄 알고도 행하지 아니하면 죄니라(약 4:17)

인도자 가이드 |

앞에서 죄로 단정한 것은 형제를 비방하는 것과 하나님을 배제하고 미래를 설계하는 것이다. 따라서 선이란 형제를 사랑하고, 미래를 하나님의 뜻 안에서 설계하는 것이다. 이것이 바로 '겸손'이다. 선한 겸손은 이 두 가지 관점 속에서 역사한다.

11. 당신의 형제를 보는 관점과 미래를 보는 관점에 대해서 이야기해 보라. 당신의 두 관점은 겸손한가 아니면 교만한가?

인도자 가이드 |

앞에서 겸손이란 말씀 아래 머물고, 하나님을 가까이 하며, 세상을 사랑하는 마음을 애통으로 바꾸는 것이라고 했다. 결국 겸손은 자신의 부족을 인식하고 하나님의 말씀 안에 머물면서 형제를 사랑하고 주의 뜻 안에서 미래를 보는 것이다. 사회적 통념 때문에 미래를 불안해하거나, 형제의 허물 때문에 비방하는 것은 교만이지 당연한 것이 아니다.

|다짐하기|

12. 형제를 보는 관점과 미래를 보는 관점에서 겸손을 적용하기 위해 당신이 할 수 있는 구체적인 실천 방안을 적고 나누어 보라.

겸손의 적용점	
① 형제를 보는 관점	② 미래를 보는 관점
가정 - 직장 혹은 학교 - 교회 -	가정 - 직장 혹은 학교 - 교회 -

겸손의 첫 번째 적용점

첫 번째는 형제를 보는 관점이다(11절). 형제를 비방하고 판단하지 않는 것이 '더 큰 은혜'를 받는 겸손이다. 그 이유는 형제를 비방하고 판단하는 것이 율법을 비방하고 판단하는 것이기 때문이다. 여기서 '율법'이란 레위기 19장 16~18절의 '네 형제를 비방하지 말고 사랑하라'는 말씀이다. 야고보서 2장 8절에서는 "네 이웃 사랑하기를 네 몸과 같이 하라 하신 최고의 법"이라고 표현된다. 이 율법의 본질이 사랑, 즉 하나님을 사랑하고 이웃을 사랑하는 것이다. 그런데 그 '사랑'을 하지 않고 '비방'하고 '판단'하면 율법의 핵심인 사랑을 비방하고 판단하는 것이 되는 것이다.

형제 비방의 문제점

문제는 형제를 비방하면 율법을 범한 자가 아니라 율법의 입법자와 재판자가 된다는 점이다. 형제를 비방하는 것은 스스로가 '비방'이라는 율법을 입법하는 행위와 같다는 말이다. 우리는 입법자 하나님의 말씀의 준행자지 율법을 입법해서 집행하고 재판하는 존재가 아니다. 그러므로 형제를 비방하는 것은 결국 하나님이 되려는 것과 같다는 말이다(12절). 율법은 우리에게 내가 누구인지, 그리고 하나님이 누구신지 깨닫게 한다. 율법은 죄된 우리를 위해 하나님께서 아들 예수로 죄 값을 대신 지불하게 하시고 우리를 살리셨다는 사실을 알게 한다. 하나님이 나보다 나를 더 사랑하신다는 사실을 알게 된다. 나보다 나를 더 사랑하시는 분이 나를 위해서 가르쳐 주신 삶의 방식을 따라 살 때 진정으로 행복할 수 있다. 그러므로 우리는 입법자나 재판자가 아니라 준행자가 되어야 하는 것이다.

겸손의 두 번째 적용점

두 번째는 미래를 보는 관점이다(13절). 야고보가 예를 든 삶의 방식의 문제점은 하나님이 배제된 미래 계획을 세운다는 것이다. 이것은 형제를 비방하는 것과 같이 또 다른 입법하는 삶의 모습이다. 우리의 미래 경영은 여호와께 맡김으로 이루시도록 입법하셨다(잠16:1,3). 우리는 그 법에 따라 살 때 가장 행복한 삶을 살 수 있다.

우리는 내일 일을 알지 못한다(잠27:1). 우리는 어제도, 오늘도, 그리고 미래에도 '오늘'이라는 시간만 살 것이다. 영원히 우리는 '오늘'만 산다. '내일'은 하나님께 속한 개념이다. 우리는 '잠깐 보이다가 없어지는 안개'다(14절). 인생은 '한 뼘 길이(시39:5)', '꿈(시73:20)', '기울어지는 그림자(시102:11)', '시드는 풀(벧전1:24)'과 같다. 그러므로 내일을 자랑하는 것은 '허탄한 자랑'이며 '악한 자랑'이다(16절). 성경은 우리의 자랑은 '내일이나 미래'가 아니라 '예수가 우리를 위해서 죽은 것'이고, '우리의 연약함'과 '하나님의 능력'이라고 천명한다.

주의 뜻이라면(Deo Volente)

잠깐 있는 안개 인생의 절대 기준은 '주의 뜻이면(Deo Volente) 살기도 하고 이것저것도 하리라'하는 것이다(15절). 이것이 유명한 '야고보의 조건(Conditio jacobaea)'으로, 초대교회는 서신을 왕래할 때

D.V라는 말로 이 인생의 기준을 나누었다. 바울도 사도행전 18장 21절이나 고린도전서 16장 7절에서 '하나님의 뜻이면 어떻게 하리라'고 필역한 바 있다.

이것이 우리 인생의 절대 기준인 이유는 주님이 우리 삶의 입법자요 재판관이시기 때문이다. 이 말은 우리 인생의 시작과 끝이 주님이시라는 말이다. 우리의 구원을 시작하신 분은 결국 우리의 구원 역시 완성하실 것이다. 그래서 '주의 뜻이면 살기도 하고 이것저것을 하기도 하는 것'이다. 우리는 뭔가를 계획할 때 먼저 그 분의 뜻을 확인해야 한다. 이것이 하나님의 질투를 넘어서는 더욱 큰 은혜를 받는 겸손의 또 다른 적용점이다.

선을 행하는 것

이런 맥락에서 17절에서 말하는 '선'이란 스스로 입법하는 삶을 살지 않는 것이다. 첫째는 형제를 보는 관점 속에서 스스로 입법하여 형제를 비방하고 판단하는 삶을 살지 않는 것이다. 둘째는 미래를 보는 관점 속에서 하나님을 배제하고 미래를 설계하고 장담하는 입법하는 삶을 살지 않는 것이다. 선이란 관계에서, 미래를 설계함에 있어서 항상 먼저 하나님의 뜻을 구하는 것이다. 하나님의 뜻이라면(Deo volente) 살기도 하고 이것저것을 하기도 하는 삶을 사는 것이다. 온 힘을 다해서 말씀을 통해 먼저 하나님의 뜻을 분별하는 삶이 최고의 선이다.

|청년 자기 체크리스트|

아래의 체크리스트를 가지고 오늘 소그룹 모임에 임한 자신의 태도를 충분히 점검해 보라.

	점검 사항	5	4	3	2	1
준비 및 예습	본 과를 준비하면서 충분히 예습은 하였는가?					
	각 과의 분명한 목적은 알고 모임에 임했는가?					
	성령께서 나를 만지시도록 기도로 준비하였는가?					
	소그룹원들을 위해서 중보하였는가?					
	리더를 위해서 중보하였는가?					
	나를 변화시키실 하나님을 기대하는 마음으로 임했는가?					
참여 및 자세	적극적으로 질문과 대답에 참여했는가?					
	정직하게 자신을 보여주었는가?					
	지체들의 이야기에 사랑의 마음으로 공감적 경청을 하였는가?					
	모임 중 성령의 인도하심을 계속적으로 구했는가?					
	하나님께서 원하시는 것이 무엇인지 분명히 알았는가?					
	발견한 진리를 삶과 인격에 적용하기로 결단했는가?					
	이번주에 중보할 지체를 발견했는가?					
적용 및 결단	자신의 적용이 삶과 인격에 변화를 가져올 만큼 구체적인가?					
	배운 내용이 삶의 상황에 분명히 적용되었는가?					
	소그룹 모임에 대한 만족감이 있었는가?					
	배운 내용을 분명하게 정리했는가?					
	이번 과의 주제와 목적을 분명히 알게 되었는가?					
	삶과 인격의 변화를 위해 기도할 준비가 되어 있는가?					
평가	이번주 총점					

"그러므로 내 사랑하는 형제들아 견실하며 흔들리지 말고 항상 주의 일에 더욱 힘쓰는 자들이 되라 이는 너희 수고가 주 안에서 헛되지 않은 줄 앎이라" (고전 15:58)

- 이번주 생일 맞은 사람은?
- 이번주 소그룹 특이 사항은?
- 다음주 행사는?
- 다음주 전도할 대상은?
- 이번 달 암송 구절과 필독서는?

10과
심판을 부르는 삶의 방식

야고보서 5장1-6절

모든 행동에는 책임이 따른다.
책임은 그 행동에 신뢰를 갖게 하는 보증수표와 같다.
인생도 지나온 과거에 대한 책임이 따른다.
하지만 인생을 책임지는 태도는 신뢰의 문제가 아니다.
인생을 책임지는 태도는 그 결과에 순응하는 것일 뿐이다.
선을 행했으면 그 선에 대해, 악을 행했으면 그 악에 대해
책임지는 것이 인생이기 때문이다.
그 책임을 졌다고 해서 신뢰할 만한 사람이라고 말하지는 않는다.
그 사람의 인생은 그것으로 끝이기 때문이다.
그렇기 때문에 우리는
실질적으로 살아온 과거에 대해 책임질 수 없는 존재들이다.
인생에 대해서는 또 다른 태도가 필요하다.
인생에는 선과 악이 혼재해 있고,
인생을 다 산 후에는 심판이 있음도 알아야 한다.
온전히 선할 수 없다면 우리는 누군가를 의지해야 한다.
우리의 인생을 선으로 마감할 수 있도록 돕는 이를 찾아야 한다.
심판을 자초하지 않고
선함으로 마무리할 수 있는 비결이 무엇일까?
야고보가 이야기하는 심판을 부르는 삶의 방식에 주목해 보자.

말씀 암송 | 에베소서 4장 3,4절

평안의 매는 줄로 성령이 하나 되게 하신 것을 힘써 지키라, 몸이 하나요 성령도 한 분이시니 이와 같이 너희가 부르심의 한 소망 안에서 부르심을 받았느니라

|다가서기|

1. 지금까지 당신이 산 인생은 10점 만점에 몇 점을 줄 수 있는지, 그렇게 생각하는 이유는 무엇인지 나누어 보라.

인도자 가이드 |

오늘 밤에 우리 인생을 마감한다고 생각하고 잘 산 인생의 가치를 매기도록 하라. 대부분은 아쉬움이 많이 남을 지금까지의 인생에 그 이유는 무엇인지 진솔하게 나누면 좋을 것이다.

2. 죽음 이후에 심판이 있음을 믿는가? 당신이 생각하는 당신이 맞게 될 심판은 어떤 형태일지 나누어 보라. 그렇게 생각하는 이유는 무엇인가?

인도자 가이드 |

각자의 이야기를 상상력을 가지고 나누면 된다. 요는 죽음 후에는 반드시 심판이 있다는 사실을 인지하도록 하는 것이다.

|깊이보기|

본문은 예수님을 믿지 않는 부자들에 대한 경고다. 그렇다면 이 부자들은 이 서신의 대상이 아닐 것이다. 그럼에도 불구하고 그들에게 경고하는 이유는 야고보가 디아트리베(Diatribe) 방식, 즉 '묻고 답하는 논리적인 형식'으로 서신서를 쓰고 있기 때문이다. 특히 본문에서는 그 자리에 없는 사람들을 논하여 그 자리에 있는 사람들을 교훈하는 '돈호법(頓呼法)'의 형태로 교훈하기 때문이다. 즉 믿는 자를 교훈하기 위해 이미 심판이 확정된 불신 부자들의 삶의 방식을 빌어 교훈하는 것이다. 그래서 그들의 변화를 촉구하지 않고 심판을 선언하고 있는 것이다.

3. 야고보는 누구에게 어떤 경고를 하고 있는가? 이 경고는 어떤 종류의 것이라고 할 수 있는가?(1절, 여기서 말하는 '고생(탈라이포리아)'은 내세의 고통을 의미한다.)

① 부자들에게 임할 고생을 인해 통곡하라고 경고하고 있다.

② 부녀들에게 임할 노안을 인해 통곡하라고 경고하고 있다.

③ 부자들에게 임할 슬픔을 인해 고생하라고 경고하고 있다.

④ 고생하는 자들에게 임할 부함을 통곡하라고 경고하고 있다.

말씀 살피기 |
들으라 부한 자들아 너희에게 임할 고생으로 말미암아 울고 통곡하라(약 5:1)

인도자 가이드 |
정답: ①. 여기서 '고생(탈라이포리아)'은 일반적인 고생이 아니라 내세에서 받게 될 고통을 의미한다. 그러니까 여기서 언급되고 있는 부한 자들은 예수를 믿지 않는 불신 부자들을 의미한다.

4. 2~6절까지는 장차 심판 받게 될 불신 부자들의 삶의 방식을 크게 네 가지로 설명한다. 그 첫 번째 삶의 방식은 무엇이라고 할 수 있겠는가?(2,3절)

말씀 살피기 |
너희 재물은 썩었고 너희 옷은 좀먹었으며, 너희 금과 은은 녹이 슬었으니 이 녹이 너희에게 증거가 되며 불 같이 너희 살을 먹으리라 너희가 말세에 재물을 쌓았도다(약 5:2,3)

인도자 가이드 |
심판을 부르는 첫 번째 삶의 방식은 자신을 위해서 과도하게 축적하는 삶이다. 말세는 자신을 위해서 재물을 쌓아 두는 때가 아니라 남을 위해서 내 것을 내어주는 때다.

5. 혹시 당신에게는 이런 삶의 모습이 없는가? 과도하게 자신을 위해서 사용하거나 축척하고 남에게 나누기 힘든 부분이 있다면 진솔하게 나누어 보라.

인도자 가이드 |
모든 사람에게는 남에게 나누기 힘든 부분이 있다. 재물이나 시간, 자존심, 때로는 상처가 될 수도 있고, 하나님일 수도 있다. 말세는 모으는 때가 아니라 나누는 때임을 상기시키며 삶을 돌아보게 하라.

6. 심판을 부르는 두 번째 삶의 방식은 어떻게 설명할 수 있겠는가?(4절)

말씀 살피기 |
보라 너희 밭에서 추수한 품꾼에게 주지 아니한 삯이 소리 지르며 그 추수한 자의 우는 소리가 만군의 주의 귀에 들렸느니라(약 5:4)

인도자 가이드 |

두 번째 삶의 방식은 남을 곤경에 빠뜨리는 삶이다. 여기서 '주지 아니했다'는 말은 속여서 강탈했다는 표현으로, 우리가 능히 나누어 주어야 하는 것을 주지 않음으로 남을 곤경에 빠뜨리는 삶은 그리스도인의 삶이 아니다. 그리스도의 복음을 나누지 않아 남을 곤경에 빠뜨리는 사람의 죄는 작지 않다.

7. 당신은 남을 곤경에 빠뜨린 적이 있는가? 본의든 본의가 아니든 나누어 보고, 이런 유의 가장 심각한 죄는 어떤 것인지도 생각해 보라.

인도자 가이드 |

남을 곤경에 빠뜨리는 것은 빈번하게 일어나는 일이다. 하지만 대부분 후에 만회할 수 있다. 하지만 마땅히 나누어야 하는 복음을 나누지 않음으로 남을 곤경에 빠드리는 죄는 돌이킬 수 없다.

8. 심판을 초래하는 세 번째 삶의 방식은 무엇이라고 정의할 수 있겠는가?(5절)

말씀 살피기 |

너희가 땅에서 사치하고 방종하여 살륙의 날에 너희 마음을 살찌게 하였도다 (약 5:5)

인도자 가이드 |

사치하고 방종하는 삶이다. 방종하는 삶의 핵심은 내게 좋은 것을 나의 기쁨을 위해서만 사용하는 것이다. 내게 좋은 것을 남을 돕는 수단으로 써야 하는데 나를 위한 목적으로 쓰는 것이 방종이다.

9. 성경이 말하는 방종이란 내가 좋아하는 것을 나의 기쁨만을 위해서 쓰는 것이라고 할 수 있다. 당신에게는 방종하는 영역이 없는가? 내가 좋은 것이 남의 것 되게 하려면 어떻게 해야 하겠는가?

인도자 가이드 |

방종에 대한 교훈의 핵심은 내가 기뻐하는 것을 나만을 위해서 쓰지 말고 남을 위해서 써야 한다는 것이다. 내 것이라고 주장한 것, 물질, 시간, 취미, 나의 영역 등에 나의 기쁨만을 위한 것이 없는지 돌아보게 하고, 되도록 우리의 기쁨을 남을 위해 사용하도록 권면하라.

10. 심판을 부르는 네 번째 삶의 방식은 어떻게 정리할 수 있겠는가?(6절)

말씀 살피기 |

너희는 의인을 정죄하고 죽였으나 그는 너희에게 대항하지 아니하였느니라(약 5:6)

인도자 가이드 |

'의인을 정죄하고 죽이는 삶'이란 실질적인 살인을 포함하여 예수처럼 의인으로 살고자 하는 사람을 억압하는 것을 포함한다. 따라서 주의 뜻대로 살고자 하는 마음을 억누르는 삶이라고 할 수 있다. 주의 뜻대로 살고자 하는 마음은 내 속에 있는 마음과 타인의 마음을 다 포함하는 말이다.

11. 당신 속에 의롭게 살고자 하는 마음을 억누른 적이 있는가? 어떤 경우였는지 나누어 보고 그 이유를 진솔하게 설명해 보라.

인도자 가이드 |

믿음으로 살고자 하는 마음은 모든 믿는 자에게 있다. 하지만 세상의 눈치를 봐서, 죄의 유혹 때문에, 기타 이유 때문에 억누르는 경우가 많다. 그런 개인적인 삶의 정황들을 진솔하게 나누도록 도우라.

|다짐하기|

12. 야고보가 경고하는 심판을 부르는 삶의 방식 네 가지를 정리하고, 이와 같은 삶을 살지 않기 위해서 구체적으로 할 수 있는 노력들을 결단해 보라.

심판을 부르는 삶의 방식	구체적인 실천 방안
① 자신만을 위한 삶의 방식	남을 위해 쓸 수 있는 것을 나열해 보기
② 남을 곤경에 빠뜨리는 삶의 방식	전도할 사람을 정해서 전도하기
③ 방종하는 삶의 방식	내게 기쁨이 되는 것 정리해서 나누기
④ 주의 뜻대로 살고자 하는 마음을 억누르는 삶의 방식	현재 상황에서 주의 뜻이 무엇인지 분별하기

야고보가 말하는 '부함'이란 경제적 의미일 뿐만 아니라 신학적 의미다(더글라스 무). 왜냐하면 1절의 그들에게 임할 '고생(탈라이포리아)'이 '내세에 받게 되는 음부의 고통'을 의미하기 때문이다. 야고보는 심판을 부르는 네 가지 삶의 방식을 교훈한다.

첫째, 자신만을 위한 삶의 방식(2,3절)

야고보는 이들이 심판받을 수밖에 없는 이유는 '그들이 말세에 재물을 쌓았기 때문'이라고 단언한다. '재물은 썩었고, 옷은 좀 먹었고, 금과 은은 녹 슬었다'는 말은 사용하지도 않는 것을 자신을 위해 지나치게 축척하는 삶을 말한다. '녹(이오스)'는 야고보서 3장 8절에서는 '죽이는 독'으로 번역된다. 결국 자신만을 위한 '축척의 녹'이 심판 때에 자신을 '죽이는 독'이 되는 꼴이다. 부한 자들이 심판을 초래한 이 삶은 '말세에 대한 잘못된 이해'에서 출발한다. 말세는 자기를 위해 재물을 쌓아 두는 때가 아니라 주신 재물을 남을 위해 사용해야 하는 때다. 사용되지 않은 재물은 심판의 날에 자신을 결코 보호할 수 없다. 그래서 칼뱅은 '자신을 위해서 제물을 쌓는 것은 말세에 자신에게 임할 형벌을 쌓는 것과 같다'라고 말했다.

둘째, 남을 곤경에 빠뜨린 삶의 방식(4절)

4절에서 말하는 '품꾼에게 주지 아니한 삯'이란 '속여서 빼앗다'라는 뜻을 갖는다. 성실하게 일한 품꾼들의 삯을 의도적으로 속여서 강탈한 것이다. 여기서 '주지 아니한'이라는 말은 마가복음 10장의 부자 청년 관원의 이야기에 등장하는 말이다. 모든 계명을 지켰다고 하는 부자 청년에게 '네게 있는 재물을 다 이웃 나눠주고 나를 따르라'고 할 때 사용된 말이다. 하지만 그는 근심하며 돌아갔다. 그 이유는 '재물이 많은 이유' 때문이었다. 계명을 지키는 이유는 하나님 나라와 복음을 위해서인데 그저 계명만 지킨 것이다. 심판을 부르는 삶은 말세에 우리가 복음을 전하지 않아서, 의인으로 살지 않아서, 우리에게 주신 영생을 나누지 않아서 이웃이 곤경에 처하게 되는 삶이다.

셋째, 방종하는 삶의 방식(5절)

야고보는 땅에서 사치하고 방종하는 삶을 '마음을 살찌게 하는 것'이라 정의한다(5절). 이 말은 도살장에 끌려가는 짐승이 죽는 줄도 모르고 살이 뒤룩뒤룩 찐 모습을 연상케 한다. 결국은 도살되는 짐승처럼 최후를 맞이할 것이라는 말이다. 그래서 바울은 '향락을 좋아하는 자는 살았으나 죽었느니라'고 말한다(딤전5:6). 여기서 '향락'이 바로 '방종'이다. 예수님은 방종을 부자와 거지 나사로의 비유에서 '자신의 좋은 것으로 자신의 즐거움을 위해서 산 것'이라고 말씀하신다(눅16:25). 방종하는 삶의 핵심은 삶의 목적을 내게 좋은 것으로 삼는 행위다. 말세는 내게 좋은 것을 남을 돕는 수단으로 써야 하는 때다. 남의 생명을 살리기 위해서 물질을 쓰지 않고 자신의 즐거움만을 위해 사용하는 것이 방종이다.

넷째, 주의 뜻대로 살고자 하는 마음을 누르는 삶의 방식(6절)

의인을 정죄하고 죽이는 삶은 심판을 피할 수 없다(6절). 여기서 '의인(디카이오스)'은 '일반적인 의인들'을 지칭하는 대표 단수로 쓰였다. 의인은 예수를 닮은 자로 가난하지만 하나님의 뜻대로 살기 위해 발버둥 쳤던 사람들이다. 예수의 제자로 살면서 악에 대항하지 않고 하나님께 구하는 삶의 방식을 취한 사람들이다. 그런데 부자들은 그렇게 사는 삶을 억압했다는 말이다. 하나님의 뜻대로 살려는 마음을 누르는 것이 심판을 부르는 삶의 방식이다. 비록 가난하고 힘든 일이 있어도 대항하지 않으셨던 그리스도가 드러나도록 하는 삶을 살아야 한다. 그렇지 않고 우리의 억울함을 스스로 반박하고 대변하는 삶을 시작하면 우리를 통해 의인 예수가 드러나지 않는다. 우리가 우리 인생의 주인으로 사는 것이다.

어떤 삶을 살아야 할까?

마태복음 16장 19~21절에서는 '네 보물을 하늘에 쌓아 두라'고 말한다. 여기서 보물은 '우리의 마음이 가 있는 것'임을 알 수 있다. 주님은 마음의 보물을 말씀하신 연 후에 '하나님께서는 우리를 먹이시고 입히신다'고 말씀하신다(마6:24이후). 이 말은 하나님의 보물이 바로 우리라는 뜻이다. 하나님의 마음은 온통 우리에게 가 계시다. 하나님은 우리를 하늘에 쌓아두려고 하신다. 그래서 당신의 것, 당신의 아들을 우리에게 주시는 삶을 택하셨다. 하나님의 예수가 우리의 예수, 우리 것이 되게 하셨단 말이다. 이것이 바로 하늘에 보물을 쌓아 두는 방식이다.

우리가 하늘에 보물을 쌓아두는 방법도 동일하다. '우리의 것이 남의 것이 되게 하는 삶의 방식'이다. 주님은 우리의 보물이 무엇이든지 간에 그것이 나의 것이 아니라 남의 것이 되게 하는 삶을 살라고 말씀하신다. 이것이 우리가 말세에 살아야 할 삶의 방식이다. 나의 보물이 돈이든 하나님이든, 그것이 오로지 나의 것 되게 하는 삶은 심판을 초래하는 삶이다. 자신을 위한 삶의 방식을 내려놓고, 나의 것이 남의 것이 되게 하는 삶을 살아야 하는 이유는 하나님께서 먼저 우리를 위해서 사셨고, 앞으로도 사실 것이기 때문이다.

|청년 자기 체크리스트|

아래의 체크리스트를 가지고 오늘 소그룹 모임에 임한 자신의 태도를 충분히 점검해 보라.

	점검 사항	5	4	3	2	1
준비 및 예습	본 과를 준비하면서 충분히 예습은 하였는가?					
	각 과의 분명한 목적은 알고 모임에 임했는가?					
	성령께서 나를 만지시도록 기도로 준비하였는가?					
	소그룹원들을 위해서 중보하였는가?					
	리더를 위해서 중보하였는가?					
	나를 변화시키실 하나님을 기대하는 마음으로 임했는가?					
참여 및 자세	적극적으로 질문과 대답에 참여했는가?					
	정직하게 자신을 보여주었는가?					
	지체들의 이야기에 사랑의 마음으로 공감적 경청을 하였는가?					
	모임 중 성령의 인도하심을 계속적으로 구했는가?					
	하나님께서 원하시는 것이 무엇인지 분명히 알았는가?					
	발견한 진리를 삶과 인격에 적용하기로 결단했는가?					
	이번주에 중보할 지체를 발견했는가?					
적용 및 결단	자신의 적용이 삶과 인격에 변화를 가져올 만큼 구체적인가?					
	배운 내용이 삶의 상황에 분명히 적용되었는가?					
	소그룹 모임에 대한 만족감이 있었는가?					
	배운 내용을 분명하게 정리했는가?					
	이번 과의 주제와 목적을 분명히 알게 되었는가?					
	삶과 인격의 변화를 위해 기도할 준비가 되어 있는가?					
평가	이번주 총점					

"그러므로 내 사랑하는 형제들아 견실하며 흔들리지 말고 항상 주의 일에 더욱 힘쓰는 자들이 되라 이는 너희 수고가 주 안에서 헛되지 않은 줄 앎이라" (고전 15:58)

- 이번주 생일 맞은 사람은?
- 이번주 소그룹 특이 사항은?
- 다음주 행사는?
- 다음주 전도할 대상은?
- 이번 달 암송 구절과 필독서는?

11과
길이 참는 것

야고보서 5장7-12절

세상에서 가장 어려운 것 중이 하나가 참는 것이다.
성품이 좋고 안좋고를 떠나서
일의 경중을 떠나서
우리는 인내하고 참는 체질이 아니다.
배고픈 것도 참기가 힘들고,
화장실에 가고 싶은 것도 참기가 힘든 것이 삶이다.
하물며 나에 대해 헛소문을 퍼뜨려서
사람들이 나를 안좋게 보게 한다든지,
나를 의도적으로 속여서 이득을 챙기려고 한다든지,
남의 속사정도 모르면서 함부로 욕을 한다든지
하는 이 모든 상황은 참기 어려운 것이다.
대부분은 참지 못함으로 결론이 난다.
참는 것처럼 보이지만 속으로 병이 나기도 하고
한이 되어서 가슴이 답답하기도 하다.
과연 사람은 참는 삶을 살 수 있을까?
성경은 이 참는 삶을 어떻게 이야기하고 있는지
야고보의 교훈을 따라 가 보자.

말씀 암송 | 에베소서 4장 3,4절

평안의 매는 줄로 성령이 하나 되게 하신 것을 힘써 지키라, 몸이 하나요 성령도 한 분이시니 이와 같이 너희가 부르심의 한 소망 안에서 부르심을 받았느니라

|다가서기|

1. 각자가 생각하는 가장 참기 힘든 상황을 상상해서 연출해 보라. 그리고 그렇게 참기가 힘든 이유를 나누어 보라.

인도자 가이드 |

각자에게는 참을 수 없는 부분과 영역이 있다. 그 부분을 건드리거나, 아물지 않은 상처를 덧나게 하면 우리는 폭발한다. 각자의 인성을 평가하지 말고, 진솔하게 참지 못하는 부분들을 나누면 된다.

2. 성경이 말하는 인내란 무엇일까? 각자의 생각을 편하게 나누어 보자.

인도자 가이드 |

학습된 것이 없어도 성경이 말하는 인내란 어떤 것일지 서로 나누어 보게 한다. 거의 대부분은 윤리 덕목으로 이해하고 있지만, 사실은 성경은 종말론적 관점으로 인내를 설명하고 있음을 주지시키는 것이 중요하다.

|깊이보기|

앞의 내용은 '믿지 않는 부자들이 당할 심판'에 대해 경고했다. 그리고 본문은 '그러므로'로 시작한다. 이제는 '믿는 형제들'에게 '그러므로 주께서 강림하시기까지 길이 참으라' 라고 말한다. '길이 참으라(마크로뒤메오)'은 말은 본문에서만 무려 다섯 번 사용되었다. '주의 강림'때까지 참아야 한다. 주의 '강림(파루시아)'은 기독교 초기부터 '예수님의 재림'을 상징하는 전문용어였다. 이 말은 죽을 때까지 참으라는 말처럼 들린다. 야고보는 본문에서 '길이 참는다'는 말의 의미를 크게 세 가지로 설명한다. 이를 설명하기 위해 두 가지의 예를 들면서 언어생활을 인내와 연관지어 설명하고 있다.

3. 야고보가 믿는 형제들에게 권면하고 있는 교훈은 무엇인지 자신의 말로 풀어 설명해 보라(7절).

말씀 살피기 |

그러므로 형제들아 주께서 강림하시기까지 길이 참으라 보라 농부가 땅에서 나는 귀한 열매를 바라고 길이 참아 이른 비와 늦은 비를 기다리나니(약 5:7)

인도자 가이드 |

주의 강림이 가까웠으니 '길이 참으라'고 인내를 권면한다. 이는 앞선 본문에서 믿지 않는 부자들의 횡포가 만연하고 참지 못할 상황이 있을 때라도 그리하라는 교훈이다.

4. 야고보가 본문에서 말하는 인내의 첫 번째 의미는 '일상에서의 적극적인 성실함'이다. 이 말의 의미는 무엇인지 야고보가 든 예를 가지고 설명해 보라(7절).

인도자 가이드 |

첫 번째 예는 농부가 열매를 바라며 이른 비와 늦은 비를 기다리는 것이다. 이 비가 내리도록 하기 위해 농부가 할 수 있는 일은 없다. 다만 일상에서 잡초를 뽑고 거름을 주는 등의 성실함이 있을 뿐이다. 주의 강림하시기까지 길이 참는다는 것은 일상에 성실함을 의미한다.

5. 길이 참는 것의 두 번째 의미는 '마음을 굳게 하는 것'이라고 할 수 있다. 이 말의 의미는 무엇이라고 생각하는가?(8절)

말씀 살피기 |
너희도 길이 참고 마음을 굳건하게 하라 주의 강림이 가까우니라(약 5:8)

인도자 가이드 |
마음을 굳게 하는 것이란 '~에 마음을 고정시키는 것'이다. 야고보는 우리가 치러야 할 인내는 주의 재림에 마음을 고정해야 하는 것이라고 설명한다. 인내는 한도 끝도 없이 참는 것이 아니라 주의 재림이 곧 가까움을 기대함으로 버티는 것이다. 끝이 있는 싸움이다.

6. 야고보가 말하는 인내의 세 번째 측면은 무엇이라고 할 수 있는가? 이 말이 당신에게 시사하는 바는 무엇인가?(9절)

말씀 살피기 |
형제들아 서로 원망하지 말라 그리하여야 심판을 면하리라 보라 심판주가 문 밖에 서 계시니라(약 5:9)

인도자 가이드 |
세 번째는 서로 원망하지 않는 것이다. 여기서 원망은 서로 탄식한다는 의미로, 상황적으로 원망하고 탄식할 상황이 있다는 말이다. 하지만 우리가 원망하지 말아야 하는 이유는 그 상황이 아니라 주께서 우리를 심판하실 것이 기준이기 때문이라고 말한다. 종말에 근거한 생활을 요구하고 있는 것이다.

7. 야고보는 길이 참기 위해서 믿음의 선지자들의 본을 기억하라고 말한다(10절)**. 성경 인물이나 혹은 개인적으로 알고 있는 믿음의 선배들의 인내의 본을 나누어 보라.**

말씀 살피기 |
형제들아 주의 이름으로 말한 선지자들을 고난과 오래 참음의 본으로 삼으라(약 5:10)

인도자 가이드 |

여기서 말하는 선지자는 앞에서 언급한 엘리야를 비롯한 구약의 선지자들을 말한다. 잘 참는 사람들의 성품이 아니라 믿음으로, 주님의 위로와 일의 결국을 생각함으로 상황과 여건들을 인내했던 믿음의 선배들의 신앙의 본을 서로 나누도록 도우라.

8. 야고보는 우리가 인내해야 하는 이유를 결국 무엇이라고 설명하는가? 그러면서 든 예는 무엇인지 나누어 보라(11절, '보았거니와'와 '주는' 사이에 '왜냐하면(호티)'이 생략되어 있다.).

말씀 살피기 |

보라 인내하는 자를 우리가 복되다 하나니 너희가 욥의 인내를 들었고 주께서 주신 결말을 보았거니와 주는 가장 자비하시고 긍휼히 여기시는 이시니라(약 5:11)

인도자 가이드 |

결국 인내해야 하는 이유는 주께서 가장 자비하시고 긍휼히 여기시는 분이시기 때문이다. 그래서 욥에게 회복케 하는 은혜를 주신 것을 우리는 알고 있다.

9. 야고보는 인내와 언어생활을 연결하고 있다. 야고보가 인내를 위해 금지하고 있는 것은 무엇이고 권면하는 것은 무엇인가? 그 이유는 무엇이라고 생각하는지 아래의 글을 읽고 자신의 생각을 나누어 보라(12절).

고대 맹세의 방식에는 두 당사자 간에 증인으로 하나님을 세웠다. 그렇기 때문에 맹세가 지켜지지 않으면 하나님이 거짓말쟁이로 전락하게 된다. 그래서 베이커(Baker)는 '가장 심각한 말의 죄가 바로 맹세다. 왜냐하면 깨어진 맹세는 하나님을 직접적으로 거짓에 관여시키기 때문이다'라고 했다.

말씀 살피기 |

내 형제들아 무엇보다도 맹세하지 말지니 하늘로나 땅으로나 아무 다른 것으로도 맹세하지 말고 오직 너희가 그렇다고 생각하는 것은 그렇다 하고 아니라고 생각하는 것은 아니라 하여 정죄 받음을 면하라(약 5:12)

인도자 가이드 |

맹세를 하지 말라고 하고, 오직 '그렇다, 아니다'라고만 하라고 말한다. 맹세는 하나님이 증인으로 세워지는 작업이기 때문에, 맹세를 지키지 못하는 경우 하나님이 거짓말쟁이가 되기 때문이다. '그렇다, 아니다'라고 말하라는 말은 맹세가 필요 없는 그런 정직한 삶을 살라는 말이다.

10. 당신은 맹세가 필요 없는 정직한 삶을 살고 있는가? 보통 내가 맹세하는 경우는 어떤 경우인지, 맹세까지 하려고 하는 이유는 무엇인지 자신을 돌아보는 시간을 가지라(참고, 마 5:33~37).

말씀 살피기 |

또 옛 사람에게 말한 바 헛 맹세를 하지 말고 네 맹세한 것을 주께 지키라 하였다는 것을 너희가 들었으나, 나는 너희에게 이르노니 도무지 맹세하지 말지니 하늘로도 하지 말라 이는 하나님의 보좌임이요, 땅으로도 하지 말라 이는 하나님의 발등상임이요 예루살렘으로도 하지 말라 이는 큰 임금의 성임이요, 네 머리로도 하지 말라 이는 네가 한 터럭도 희고 검게 할 수 없음이라, 오직 너희 말은 옳다 옳다, 아니라 아니라 하라 이에서 지나는 것은 악으로부터 나느니라(마 5:33~37)

인도자 가이드 |

성경에서는 맹세가 나쁜 것이라고 말하지 않는다. 참된 맹세를 하라고 말한다. 하지만 사람들은 자신의 거짓과 불확실함을 증명하기 위해서 맹세의 방식을 취할 때가 많다. 자신의 말이나 행동에 대해 증명하기 위해서다. 하지만 성경은 맹세가 필요 없는 정직하고 겸손한 삶을 살라고 말한다. 그것이 바로 '옳다 옳다 아니라 아니라'하는 삶이다.

11. 당신이 주의 강림을 기다리며 길이 참는데 있어서 언어생활은 어떤 영향을 미친다고 생각하는가?

인도자 가이드 |

야고보는 언어생활과 인내를 밀접하게 연관지어 설명하고 있다. 그것은 인내가 결국 마음의 문제이기 때문이고, 마음은 곧 바로 말로 표현되기 때문이다. 언어생활은 입술의 열매라고 성경은 설명한다. 입을 지키는 것이 마음을 지키는 길이며, 인내해 가는 첩경이라고 할 수 있다.

|다짐하기|

12. 야고보가 말하는 인내의 세 가지 측면을 정리하고 구체적인 실천 방안을 결단해 보라.

인내의 세 가지 측면	구체적인 실천 방안
1. 일상에서의 적극적인 성실함	내게 주어진 의미 있는 일들을 정리하고 실천
2. 마음을 주의 강림에 고정시킴	종말적 관점으로 인내하기 연습
3. 서로 원망하지 않음	주께서 복 주실 것을 믿고 언어 생활을 점검함

첫째, 일상에서의 적극적인 성실함

재림 때까지 '길이 참는 것(마크로뒤메오)'을 설명하기 위해서 야고보는 첫 번째로 농부의 예를 든다. 농부가 열매를 바라고 이른 비와 늦은 비를 기다리는 것같이 기다리는 것이 길이 참는 것이다(7절). 지중해의 표준적 기후에서 이른 비는 10월 말~11월 말 사이, 씨를 뿌리고 싹이 트기까지 내리는 가을비고, 늦은 비는 3,4월의 추수기 직전에 내리는 가을비다. 이 두 비가 없으면 농사는 망친다. 이 비를 기다리면서 농부가 할 수 있는 일은 아무 것도 없다. 단지 일상에서 성실하게 잡초를 제거하고, 괭이질을 하고, 비료를 뿌린다. 이것이 바로 길이 참는다는 말의 첫 번째 의미다.

마찬가지로 주의 재림을 앞당기기 위해서 우리가 할 수 있는 일은 없다. 우리가 복음을 더 열심히 전하면 주님의 재림이 앞당겨지는 것이 아니다. 우리는 그 시기와 때에 영향을 미칠 수 있는 어떤 일도 할 수 없다. 다만 우리는 일상에서 성실하고 부지런하게 하나님께 예배하고, 말씀을 배우고, 그 말씀대로 살려고 최선을 다하는 것이다. 하나님의 도우심을 구하고 그분의 뜻 아래 머물러 있는 것이다. 그러므로 '길이 참는 것'은 수동적으로 아무 것도 하지 않는 것이 아니라 적극적으로 성실한 것이다.

둘째, 마음을 굳건하게 함

두 번째는 '마음을 굳건하게 하는 것'이다(8절). '굳건하게 하다(스테리조)'는 '마음을 ~에 고정시키다'라는 뜻이다. 바로 '파루시아(주의 재림, 강림)'에 고정시키는 것이다. '재림(파루시아)'의 문자적 의미는 두 가지다. '도착'이라는 의미와 실존적으로 '있음(현존)'을 의미한다. 그러니까 재림은 주님의 궁극적인 도착하심도 의미하지만 실제적으로 지금 주어진 주님의 가르침, 현재 나에게 있는 주님의 말씀도 의미하는 개념이다. '마음을 재림에 고정시키라'는 말은 주님의 오실 것을 기대하는 마음으로 주님의 말씀에 마음을 고정시키라는 의미도 된다.

셋째, 말로 서로 원망하지 않음

세 번째 길이 참는 것은 서로 원망하지 않는 것이다(9절). '원망하다(스테나조)'라는 말의 원래 의미는 '탄식하다, 한숨 짓다'로, '원망하다'는 말은 '공귀조'라는 다른 말이 있다. 그러니까 '서로 탄식하지 말라'는 뜻이다. 그 당시 상황은 앞 본문에서 믿지 않는 부자들의 탄압과 핍박이 있었다고 증언한다. 그런 상황 속에서 당연히 신세 한탄과 원망이 있었을 것이다. 그러면서 공동체 안에서도 서로 원망하는 상황이 벌어진 것이다. 인내는 원망할 만한 상황이지만 그렇게 서로 탄식하거나 원망하지 않는 것이다. 입술을 관리하는 것이 인내와 밀접한 연관이 있다.

길이 참아야 하는 이유

이것을 설명하기 위해서 인내의 두 번째 본으로 욥의 예를 든다(10,11절). 하지만 욥은 나중에 하나님을 원망한다(17:6). 그럼에도 불구하고 하나님은 욥의 말의 방식을 칭찬하신다(42:7). 비록 불평했어도 끝까지 하나님을 향한 소망을 버리지 않았기 때문이다. 길이 참는 것은 완벽한 참을성을 말하는 것이 아니라 하나님의 절대 주권을 믿고 그분께만 소망을 두는 자세다. 그러면 그분께 내 아픔을 토로하는 모습도 칭찬 듣는 소망의 방식이 되는 것이다. 야고보는 이런 사람에게 복이 있다고 말한다. 그 이유는 회복케 하시는 욥의 결말에서 보았거니와 주가 가장 자비하시고 긍휼히 여기시는 이시기 때문이다(11절에 '왜냐하면(호티)'이 생략되어 있다). 이것이 우리가 길이 참아야 하는 궁극적 이유다.

말로 원망함의 극치

그것이 바로 맹세다(12절). 원래 '맹세(옴뉘오)'라는 말은 '거룩한 대상을 굳게 잡다'라는 뜻이다. 고대 맹세의 방식에는 반드시 두 당사자 간에 증인으로 하나님을 세웠다. 그래서 베이커(Baker)는 '가장 심각한 말의 죄가 바로 맹세다. 왜냐하면 깨어진 맹세는 하나님을 직접적으로 거짓에 관여시키기 때문이다'라고 했다. 맹세를 지킬 힘이 없는 인간이 그 맹세를 깨버리면 결국은 하나님께서 거짓말쟁이가 되어 버리는 것이다. 그래서 맹세하지 말라고 하는 것이다. 그러나 성경 전체에서 맹세는 원천적으로 금지된 것이 아니라 참된 것이어야 한다고 말한다(출22:11). 문제는 그 시대의 사람들이 자기 잘못을 은폐하기 위해서 맹세를 남발한 것이다. 그래서 맹세를 하지 말라는 것이다.

언어생활과 인내

그러므로 우리는 '그렇다, 아니다'라고만 해야 한다(12절). 이 야고보의 교훈은 마태복음 5장 33~37절의 예수님의 교훈과 정확하게 일치한다. '어떤 것으로도 맹세하지 말고, 옳다 옳다 아니라 아니라 하라. 이에서 지나는 것은 악으로부터 나느니라'고 하셨다. 이 말은 맹세가 필요 없는 언어 습관을 가져야 한다는 말이다. 우리의 언어생활을 단순히 '예' 또는 '아니오'라고만 해도 충분할 수 있는, 그렇게 맹세가 필요 없는 정직하고 신실한 삶을 살라는 말씀이다. 놀랍게도 야고보는 인내를 우리의 언어 습관과 연관지어 교훈하고 있다. 말은 마음에서 나오는 것이며, 인내 역시 마음의 문제이기 때문이리라!

|청년 자기 체크리스트|

아래의 체크리스트를 가지고 오늘 소그룹 모임에 임한 자신의 태도를 충분히 점검해 보라.

	점검 사항	5	4	3	2	1
준비 및 예습	본 과를 준비하면서 충분히 예습은 하였는가?					
	각 과의 분명한 목적은 알고 모임에 임했는가?					
	성령께서 나를 만지시도록 기도로 준비하였는가?					
	소그룹원들을 위해서 중보하였는가?					
	리더를 위해서 중보하였는가?					
	나를 변화시키실 하나님을 기대하는 마음으로 임했는가?					
참여 및 자세	적극적으로 질문과 대답에 참여했는가?					
	정직하게 자신을 보여주었는가?					
	지체들의 이야기에 사랑의 마음으로 공감적 경청을 하였는가?					
	모임 중 성령의 인도하심을 계속적으로 구했는가?					
	하나님께서 원하시는 것이 무엇인지 분명히 알았는가?					
	발견한 진리를 삶과 인격에 적용하기로 결단했는가?					
	이번주에 중보할 지체를 발견했는가?					
적용 및 결단	자신의 적용이 삶과 인격에 변화를 가져올 만큼 구체적인가?					
	배운 내용이 삶의 상황에 분명히 적용되었는가?					
	소그룹 모임에 대한 만족감이 있었는가?					
	배운 내용을 분명하게 정리했는가?					
	이번 과의 주제와 목적을 분명히 알게 되었는가?					
	삶과 인격의 변화를 위해 기도할 준비가 되어 있는가?					
평가	이번주 총점					

"그러므로 내 사랑하는 형제들아 견실하며 흔들리지 말고 항상 주의 일에 더욱 힘쓰는 자들이 되라 이는 너희 수고가 주 안에서 헛되지 않은 줄 앎이라" (고전 15:58)

- 이번주 생일 맞은 사람은?
- 이번주 소그룹 특이 사항은?
- 다음주 행사는?
- 다음주 전도할 대상은?
- 이번 달 암송 구절과 필독서는?

12과
기도가 무엇인가?

야고보서 5장13-20절

모든 종교에는 기도가 있다.
지극정성을 다한 '비나이다'도 있고
득도와 해탈을 경험하는 신비한 체험으로서의 기도도 있고
주문으로서의 기도도 있다.
기독교에도 기도가 있다.
흔히들 기도는 노동이요, 호흡이요, 대화라고 말한다.
예수님은 기도를 무엇이라고 교훈하셨을까?
기도는 실제 삶의 현장에서 나오는 우리의 말이다.
성경이 하나님의 말씀이라면 기도는 우리의 말인 셈이다.
기도는 하나님의 말과 우리의 말이 섞이면서
이루어지는 소통이다.
또한 기도는 능력이고 역사하는 힘이다.
기독교에서 말하는 기도란 굉장히 광범위한 영역에서 다루어진다.
많은 환란과 시험 속에서 야고보는
어떤 차원으로 기도를 설명하고 있는지
야고보의 마지막 가르침을 따라 가 보자.

말씀 암송 | 에베소서 4장 3,4절

평안의 매는 줄로 성령이 하나 되게 하신 것을 힘써 지키라, 몸이 하나요 성령도 한 분이시니 이와 같이 너희가 부르심의 한 소망 안에서 부르심을 받았느니라

|다가서기|

1. 뭔가 원하는 것을 이루고 싶을 때 당신은 어떤 방법을 사용하는지 나누어 보라.

인도자 가이드 |

원하는 것을 이루는 방법은 많다. 대단한 것이 아니어도 일상에서 필요한 것을 얻기 위한 방법도 좋다. 노력하기도 하고, 자격을 갖추기도 하고, 기도하기도 하고, 대가(大家)를 만나기도 하고, 그것에 대해 학습하기도 한다. 다양한 방법 중에 가장 자신이 자주 사용하는 일상의 방법을 나누도록 도우라.

2. 당신은 기도가 뭐라고 생각하는가? 자신이 생각하는 기도의 정의를 사물이나 동물 등에 비유해서 말해 보라.

인도자 가이드 |

예를 들면, '기도는 꽃과 같다. 왜냐하면 기도할 때 내 인생도 피니까!' 등으로 비유케 하면 된다. 리더는 각자가 생각하는 기도의 정의를 엿볼 수 있는 기회로 삼고, 기도를 가르치는 중요한 자료로 사용하면 된다.

|깊이보기|

앞에서 야고보는 '주의 재림이 임하실 때까지 길이 참으라.'고 말했다. 그리고 본문에는 각종 고난에 대해 소개하면서 모든 상황에서 기도해야 한다고 말한다. '길이 참는 구체적인 방법'이 바로 '기도'라는 말이다. 야고보서의 대 전제는 '행함으로 믿음을 입증'하는 것이다. 그러므로 그 첫 번째 행함이 바로 기도인 셈이다. 본문에서 야고보는 이 기도를 설명하기 위해 세 가지 단어를 사용하고 있다. 이런 기도에는 역사가 있음을 필역하면서 그 실례로 엘리야의 기도를 든다.

3. 야고보가 고난당하는 자와 즐거워하는 자에게 요구하는 것은 무엇인가? 이 둘의 차이점과 공통점은 무엇이라고 할 수 있겠는가?(13절)

말씀 살피기 |
너희 중에 고난 당하는 자가 있느냐 그는 기도할 것이요 즐거워하는 자가 있느냐 그는 찬송할지니라(약 5:13)

인도자 가이드 |
고난당하는 자는 기도하고, 즐거워하는 자는 찬송하라고 말한다. 상황에 따라 다른 반응이어야 한다는 말이고, 신앙생활은 혼자 하는 것이 아니라 상황에 맞게 하나님께 반응해야 한다는 점에서 공통점이라고 할 수 있다.

4. 중병에 걸리는 고난을 당하는 자는 어떻게 하라고 하는가? 여기서 야고보가 전하고자 하는 첫 번째 '기도(프로슈코마이)'의 의미는 어떤 것이라고 생각되는가?(14절)

말씀 살피기 |
너희 중에 병든 자가 있느냐 그는 교회의 장로들을 청할 것이요 그들은 주의 이름으로 기름을 바르며 그를 위하여 기도할지니라(약 5:14)

인도자 가이드 |
병에 걸리는 고난이 찾아오면 교회 장로들, 리더들에게 기도를 요청하라고 말한다. 여기서 '병'은 중병에 걸려 일어나지 못하는 뉘앙스를 전달하고 있다. 기도는 혼자 하는 것이기도 하지만, 요청하는 것이기도 하다. 중보하고 요청하는 것이 기도의 첫 번째 가르침이다.

5. 야고보가 말하는 두 번째 '기도(유케)'는 어떤 기도인가? 그 의미는 무엇이라고 생각하는가?(15절)

말씀 살피기 |

믿음의 기도는 병든 자를 구원하리니 주께서 그를 일으키시리라 혹시 죄를 범하였을지라도 사하심을 받으리라(약 5:15)

인도자 가이드 |

두 번째 기도는 '믿음의 기도'다. 여기서 '기도(유케)'는 맹세, 서원에 가까운 의미로, 주께서 병든 자를 주의 뜻 안에서 고치시거나 고치지 않으실 것을 믿는 기도를 말한다. 14절의 핵심도 기름이 아니라 '주의 이름'이다. 즉 주의 뜻에 따라 응답하실 것을 맹세와 같이 믿고 하는 것이 '믿음의 기도'다.

6. 야고보가 말하는 세 번째 '기도(데에시스)'의 의미는 무엇이라고 할 수 있는가?(16절)

말씀 살피기 |

그러므로 너희 죄를 서로 고백하며 병이 낫기를 위하여 서로 기도하라 의인의 간구는 역사하는 힘이 큼이니라(약 5:16)

인도자 가이드 |

세 번째는 '의인의 간구'다. 여기서 핵심은 '의인'으로, 의인은 서로 죄를 고백하고 병 낫기를 기도하는 모습으로 그려진다. 하나님 앞에서 죄용서를 받고 의인이 된 자만이 자신의 죄를 형제 안에서도 고백할 수 있다. 죄인은 죄를 고백할 수 없다. 그러므로 야고보의 가르침은 기도란 하나님과의 관계가 형제와의 관계 속으로 확장되는 공동체적 기도여야 한다는 것이다.

7. '의인의 간구'는 특별히 역사하는 힘이 크다. 야고보가 그 실례로 들고 있는 것은 누구의 기도이며, 어떤 기도였는가?(17,18절)

말씀 살피기 |
엘리야는 우리와 성정이 같은 사람이로되 그가 비가 오지 않기를 간절히 기도한즉 삼 년 육 개월 동안 땅에 비가 오지 아니하고, 다시 기도하니 하늘이 비를 주고 땅이 열매를 맺었느니라(약 5:17,18)

인도자 가이드 |
야고보가 들고 있는 예는 엘리야의 기도이며, 이 기도는 성정이 우리와 같은 엘리야가 간절히 기도할 때 하나님께서 역사하신 기도였다.

8. 엘리야에게는 바알 선지자를 물리치거나 사르밧 과부의 아들을 살린 많은 기도 영웅담이 있지만 '비 기도'를 예로 든 것은 두 가지 이유가 있다. 첫 번째 이유는 무엇이며, 무엇을 가르치기 위함이라고 생각할 수 있는가?(7절)

말씀 살피기 |
그러므로 형제들아 주께서 강림하시기까지 길이 참으라 보라 농부가 땅에서 나는 귀한 열매를 바라고 길이 참아 이른 비와 늦은 비를 기다리나니(약 5:7)

인도자 가이드 |
엘리야도 우리와 성정이 같은 사람이다. 그가 능력이 많아서 역사가 일어난 것이 아니라 앞선 7절에서 농부가 비를 기다림같이 엘리야도 하나님의 은혜와 역사하심만을 전적으로 의지하고 사모하는 기도를 했음을 드러내는 것이다. 우리가 이렇게 전적으로 의지하는 기도를 할 때 역사가 일어난다는 사실을 시사한다.

9. '비 기도'를 예로 든 두 번째 이유는 무엇인지, 엘리야의 기도의 결과를 고려하여 정리해 보라. 이것이 당신에게 교훈하는 바는 무엇인가?(19,20절)

말씀 살피기 |

내 형제들아 너희 중에 미혹되어 진리를 떠난 자를 누가 돌아서게 하면, 너희가 알 것은 죄인을 미혹된 길에서 돌아서게 하는 자가 그의 영혼을 사망에서 구원할 것이며 허다한 죄를 덮을 것임이라(약 5:19,20)

인도자 가이드 |

두 번째 이유는 엘리야의 기도가 결국 미혹된 이스라엘 백성들을 여호와께로 돌리는 기도였기 때문이다. 죄인을 옳은 길로 돌리는 방법의 첫 번째가 기도다. 이처럼 형제를 위해서 기도하는 것은 결코 시간낭비가 아니다. 기도할 때 역사가 일어난다.

10. 엘리야는 두 가지 측면에서 우리에게 시사하는 바가 크다(17절). 첫 번째는 '그가 우리와 성정이 같은 사람이었다'는 점이고, 두 번째는 '간절히 기도했다'는 점이다. 여기서 '간절히 기도했다'는 말은 '기도를 가지고 기도했다'는 뜻이다. 그렇다면 엘리야의 기도는 어떤 기도라고 할 수 있는지, 앞에서 야고보가 소개한 기도의 종류를 고려하여 정리해 보라. 그리고 이 사실이 당신에게 시사하는 바를 나누어 보라.

인도자 가이드 |

엘리야도 우리와 똑같이 갈등하고 좌절하는 사람이었지만, 그가 앞에서 말한 기도, 요청하는 기도(프로슈코마이), 믿음의 기도(유케), 의인의 간구(데에시스) 등의 기도를 가지고 기도하자 역사가 일어났다. 우리도 야고보가 말하고 있는 이런 기도를 가지고 기도할 때 역사가 일어난다는 확신을 얻을 수 있다.

11. 당신의 기도는 어떤 기도인가? 자신의 기도를 반성하고 개선할 점은 무엇인지 나누어 보라.

인도자 가이드 |

대부분 우리의 기도 일변도는 필요한 것을 요청하는 것에 가깝다. 본문에서 말하는 기도의 다양한 정의들을 고려하여 보다 적극적인 기도를 할 필요가 있다. 기도의 핵심은 '주의 뜻대로' 될 것을 믿는 것이다.

|다짐하기|

12. 야보고가 말하는 기도를 정리하고, 이런 기도를 드리기 위한 구체적인 기도의 계획을 세워 발표해 보라.

기도의 정의	
서로 요청하는 기도 (프로슈코마이)	혼자만 하는 것이 아니라 형제에게 요청하고 중보하는 기도
믿음의 기도 (유케)	주께서 주의 뜻대로 하실 것을철썩같이 믿고 하는 기도
의인의 기도 (데에시스)	하나님과 나의 관계가 공동체 안에서 확장된 기도

기도의 계획	
기도 시간	
기도 장소	
기도 내용	
기도 노트	
기도 방법	
기도 동역자	
기타	

|관점얻기|

서로 요청하는 기도(프로슈코마이)

13절에 등장하는 '기도(프로슈코마이)'는 신약에 등장하는 기도 단어 중 가장 많이 등장하는 단어다. '기도'와 '찬송(프살로)'은 하나님께 지속적으로 반응하는 방법이라는 차원에서 동일한 것이다. 그러면서 야고보는 다양한 고난, 즉 병으로 인한 고난(14절), 애매한 고난(15절), 죄로 인한 고난(16절) 등을 소개한다. 어떤 고난이든 하나 같이 '기도하라'고 말한다. 고난당하는 자는 개인적으로도 기도해야 하지만(13절), 더 큰 고난, 이를테면 병들어 스스로 기도할 수 없을 만큼 심한 고난이 찾아오면 성숙한 교회의 리더에게 기도를 요청하라고 말한다(14절).

14절의 '기름'은 상징적인 행위이면서 동시에 치료적 행위다(더글라스 무). 구약에서 기름을 바름으로 특정인을 구별했듯이 하나님께서 이 병자를 특별히 주목해 달라는 상징적 행위인 동시에 선한 사마리아인이나 제자들이 실제로 그렇게 했던 것처럼 치료 약품으로 사용했다는 뜻이다(눅10:34, 막6:13). 병자의 회복을 위해서 기도와 의약품을 함께 사용하는 것은 잘못된 것이 아니다. 핵심은 '주의 이름으로'다. 4장15절에 의하면 '주의 뜻이면(Deo Volente)' 치유가 될 것이고, 아닐지라도 주의 뜻에 맡긴다는 의미다. 이 사실을 믿을 수 있어야 하기에 장로와 같이 성숙한 사람을 초청하라는 것이다.

믿음의 기도(유케)

15절의 '믿음의 기도'는 '유케'라는 다른 단어로 설명한다. 이 말은 '맹세, 서원'에 가까운 말이다. 믿음의 기도란 주의 뜻이면 주께서 일으키실 것을 믿는 맹세고 서원이다. 그러므로 담대히 하는 것이 기도다. 기도할 때 틀림없이 주께서 주의 뜻대로 행하신다는 사실을 맹세와 같이 믿고 하는 기도가 믿음의 기도다. '혹시 죄를 범하였을지라도 사하심을 받으리라'는 말은 모든 질병이 죄 때문에 발병하는 것은 아니지만 죄로 인한 질병도 있다는 사실을 제시한다. 믿음의 기도란 주의 뜻이면 주께서 일으키실 것이고 죄의 문제도 해결하실 것을 전적으로 믿고 하는 기도다.

의인의 기도(데에시스)

16절의 '의인의 간구'는 야고보가 사용한 세 번째 기도의 단어인 '데에시스'로, 필요를 구하는 간구를 말한다. '의인'은 하나님을 믿고 용서 받은 자, 그래서 그분과의 관계가 회복되고, 주의 뜻 안에서 살아가는 자이다. 그런 사람의 특징이 바로 '서로 죄를 고백하고 기도하는 것'이다. '죄의 고백'은 개인적으로 하나님 앞에 하는 것이 기도 하지만 서로 적극적으로 고백해야 할 책임이 있는 것이기도 하다. 왜냐하면 우리는 예수의 피로 의인이 되었기 때문이다. 의인만이 서로 죄를 고백할 수 있기 때문이다.

죄인은 죄를 고백하지 못한다. 그러므로 세 번째 기도의 의미는 하나님과 나와의 회복된 관계가 형제와의 관계 속으로 확장되는 공동체적 기도다. 누구든지 서로 죄를 고백하고 서로 기도하면 '역사(에네르게오)'가 일어난다.

주님과 우리의 관계 안에서 죄를 고백하고 기도하듯이 이 관계를 서로간의 관계로 확장해갈 때 주께서 역사를 일으키시는 것이다(중간태).

역사하는 기도의 실례

엘리야가 우리와 '성정이 같다'는 말은 우리와 유사한 감정과 경험을 가진, 우리처럼 갈등하고 회의에 빠지고 좌절했다는 말이다. '간절히 기도하다'는 말은 '기도'라는 말을 두 번 써서 '기도를 가지고 기도했다'는 뜻이다. 이 '기도'는 앞에서 말한 기도를 말한다. 비록 우리랑 다를 바가 없는 사람이었지만 그가 믿음의 기도, 의인의 기도를 할 때 역사가 일어나더라는 것이다.

역사하는 기도의 예로 바알 선지자들과의 대결이나 사르밧 과부의 아들을 살린 사건을 들지 않고 비의 이야기를 든 이유는 두 가지라고 봐진다. 첫 번째는 농부가 비를 기다림같이 '고난 중에 길이 참는 것이 바로 기도'라는 사실을 말하기 위함이다(7절). 두 번째 이유는 엘리야의 이 기도가 '미혹되어 진리를 떠난 자를 돌아서게 했던 기도'였기 때문이다(19,20절). 그의 기도는 실질적으로 미혹된 이스라엘 백성들을 위한 것이었고, 엘리야의 기도를 통해 백성들이 여호와께 돌아오게 하는 역할을 했기 때문이다.

|청년 자기 체크리스트|

아래의 체크리스트를 가지고 오늘 소그룹 모임에 임한 자신의 태도를 충분히 점검해 보라.

	점검 사항	5	4	3	2	1
준비 및 예습	본 과를 준비하면서 충분히 예습은 하였는가?					
	각 과의 분명한 목적은 알고 모임에 임했는가?					
	성령께서 나를 만지시도록 기도로 준비하였는가?					
	소그룹원들을 위해서 중보하였는가?					
	리더를 위해서 중보하였는가?					
	나를 변화시키실 하나님을 기대하는 마음으로 임했는가?					
참여 및 자세	적극적으로 질문과 대답에 참여했는가?					
	정직하게 자신을 보여주었는가?					
	지체들의 이야기에 사랑의 마음으로 공감적 경청을 하였는가?					
	모임 중 성령의 인도하심을 계속적으로 구했는가?					
	하나님께서 원하시는 것이 무엇인지 분명히 알았는가?					
	발견한 진리를 삶과 인격에 적용하기로 결단했는가?					
	이번주에 중보할 지체를 발견했는가?					
적용 및 결단	자신의 적용이 삶과 인격에 변화를 가져올 만큼 구체적인가?					
	배운 내용이 삶의 상황에 분명히 적용되었는가?					
	소그룹 모임에 대한 만족감이 있었는가?					
	배운 내용을 분명하게 정리했는가?					
	이번 과의 주제와 목적을 분명히 알게 되었는가?					
	삶과 인격의 변화를 위해 기도할 준비가 되어 있는가?					
평가	이번주 총점					

"그러므로 내 사랑하는 형제들아 견실하며 흔들리지 말고 항상 주의 일에 더욱 힘쓰는 자들이 되라 이는 너희 수고가 주 안에서 헛되지 않은 줄 앎이라" (고전 15:58)

- 이번주 생일 맞은 사람은?
- 이번주 소그룹 특이 사항은?
- 다음주 행사는?
- 다음주 전도할 대상은?
- 이번 달 암송 구절과 필독서는?

Memo

Memo

Memo

Memo

Memo

Memo